Ioan M. Lewis

Schamanen, Hexer, Kannibalen

2,–

Ioan M. Lewis

Schamanen Hexer Kannibalen

Die Realität des Religiösen

Aus dem Englischen von Udo Rennert

athenäum

Titel der Originalausgabe: *Religion in Context*. Erschienen 1986 bei Cambridge University Press, Cambridge.

CIP-Titelaufnahme der Deutschen Bibliothek

Lewis, Ioan M.:
Schamanen, Hexer, Kannibalen: die Realität des Religiösen/
Ioan M. Lewis. – Frankfurt am Main: Athenäum, 1989
Einheitssacht.: Religion in context <dt.>
ISBN 3-610-08517-7

Umschlaggestaltung: Karl Gerstner, Basel
Satz: Computersatz Bonn GmbH, Bonn
Druck und Bindung: Bercker, Graphischer Betrieb GmbH, Kevelaer
Printed in West Germany
ISBN 3-610-08517-7

Inhalt

Vorwort

Die Glaubensvorstellungen und Verhaltensweisen, die herkömmlicherweise als »Hexenwesen« oder »Zauberei«, »Geisterbesessenheit«, »Kannibalismus« und »Schamanismus« bezeichnet werden, haben auf den ersten Blick wenig miteinander gemeinsam. Anthropologen und vergleichende Religionswissenschaftler behandeln diese Phänomene in der Regel als völlig separate und sich sogar gegenseitig ausschließende »Dinge«, die für unterschiedliche Kulte und bestimmte Typen (und Stadien) von Kulturen und Gesellschaften charakteristisch seien. Das vorliegende Buch geht von einer anderen Perspektive aus. In ihm wird behauptet, alle die genannten Erscheinungen seien im Gegenteil eigentlich eng miteinander verwandte Ausdrucksformen von mystischer Macht oder »Charisma«. Wie wir bei näherem Hinsehen noch feststellen werden, wirft jede von ihnen ein Licht auf alle anderen, und der hier verfolgte integrative, vergleichende Ansatz läßt uns besser verstehen, auf welche Weise die Überwindung und Verwandlung böser Mächte (des »negativen Charisma«) die Anführer charismatischer Kulte, deren Status immer potentiell mehrdeutig ist, zu ihrem Tun berechtigt. Insbesondere dort, wo diesen Besessenheitskulten im Vergleich zu einer Weltreligion nur eine marginale Bedeutung zukommt, werden sie innerhalb ihres umfassenderen sozialen Kontexts häufig als »abergläubische Überreste« stigmatisiert. Unsere Analyse wird jedoch zeigen, daß diese Kulte im Gegenteil erst in neuerer Zeit entstanden sind; sie spielen allerdings aufgrund der Tatsache, daß das Unorthodoxe häufig der Vergangenheit zugerechnet wird, bei der Definition des orthodoxen Glaubens selbst eine wichtige Rolle.

Wenn ich hier also den Versuch unternehme, diese unterschiedlichen Ausdrucksformen mystischer Macht zu erhellen, indem ich statt ihrer Unterschiede ihre verborgenen Verbindungen hervorhebe, so verfolge ich damit noch eine zweite Absicht: Ich möchte zeigen, welchen Wert nach wie vor eine vergleichende Analyse in der Sozial- und Kulturanthropologie hat, eine Analyse, die unablässig bemüht ist, die anthropologische »Theorie« zu einem Dialog mit den ethnographischen »Fakten« zu nötigen, um auf diese Weise die Formulierung einer empirisch befriedigenderen Theorie zu erleichtern. Daß dieser empiristische Dialog tatsächlich sehr kompliziert ist, wird aus dem einleitenden Kapitel deutlich, in dem die anthropologische Feldforschung selbst als eine Form der schamanischen Initiation gedeutet wird. Dieses Kapitel stellt die gefällige anthropologische Konstruktion von kulturtypischen »Kosmologien« in Frage und untersucht die Ursprünge »anthropologischer« Theorien über Hexerei und deren Verhältnis zu den eingeborenen Glaubensvorstellungen. Die gängige psychodynamische Theorie, die unter der Annahme von sozialen Spannungen Hexerei als Ausdruck von Eifersucht und Groll deutet, geht – wie wir sehen werden – unmittelbar auf jene eingeborenen Quellen zurück, auf die sie von Anthropologen angewendet wird. Dies wiederum eröffnet eine erhellende Perspektive für das Verständnis jener Zustände, die vor allem bei Frauen auftreten und als Geisterbesessenheit gedeutet werden, wobei die beteiligten Geister indirekt Druck auf das jeweils andere Geschlecht ausüben. Somit verhilft uns die anthropologische Theorie der Hexerei, die sich auf ethnographische Befunde stützt, zugleich zu einem Verständnis und einer Analyse der Ethnographie der Geisterbessenheit.

Der bedrückende Zustand dieser unschuldigen weiblichen Opfer von Angriffen aus dem Geisterreich, denen ihre Anfälligkeit für derartige Heimsuchungen wohl kaum als eigene Schuld anzurechnen ist, legt interessante Analogien zu einem schwer erklärlichen Fall in den Studien über Hexerei nahe – dem der Hexe wider Willen, die sich selbst beschuldigt. Solche »introvertierten«, sich selbst bezichtigenden Hexen – häufig Frauen, die verzweifelt Hilfe suchen – sind ähnlich wie ihre von Geistern besessenen Pendants tatsächlich mystisch ermächtigt, Druck auf ihre unmittelbare Umgebung auszuüben. Indem wir also die aus der Untersuchung über Hexerei gewonnene Theorie auf das Phänomen der Geisterbesessenheit anwenden, gewinnen wir wiederum neue Einblicke in das Hexenwesen selbst. Das führt uns zu einer generellen Neubesinnung im dritten Kapitel, wo Typen der Hexerei (und der Zauberei) als eine Art mystischer Angriff verstanden werden, was vermuten läßt, daß Geisterbesessenheit und »introvertierte« Hexerei schwächere Formen eines mystischen Angriffs gegen höhergestellte Personen darstellen als »extrovertierte«, gegen untergeordnete Personen gerichtete Beschuldigungen. Der einschränkende Faktor liegt hier offenbar darin, daß die charismatischen Anführer und Anführerinnen von Besessenheitskulten Gefahr laufen, als Hexer oder Hexen denunziert zu werden.

Diese anthropologische Sicht der Triebkräfte von Hexerei und Geisterbesessenheit ist von der allgemein skeptischen Haltung des Anthropologen durchdrungen. Diese hatte, wie wir im vierten Kapitel sehen werden, insofern eine merkwürdige Auswirkung auf manche anthropologischen Kannibalismusstudien, als Schilderungen von Kannibalismus im Kontext von Zauberei und Hexerei gern als Phantasieprodukte abgetan wurden, während man ihnen in anderem Kontext unkritisch Glauben geschenkt hat! Hier müßte uns der Ruf, den sich die Europäer im kolonialen Afrika als Kannibalen erworben haben, nachdem sie die Hexerei mit Verboten und Strafen bekämpfen wollten (und sich damit zu unfreiwilligen Beschützern von Hexen und Hexern gemacht hatten), zu denken geben. Ein weniger voreingenommener Zugang zur Bedeutung von Kannibalismus als Ideologie oder Praxis berücksichtigt diesen Zusammenhang mit der Hexerei und führt die Analyse mystischer Macht einen Schritt weiter, indem er deren Verknüpfung mit den verschiedenen Modalitäten sexueller Aggression hervorhebt.

Obgleich dies – wie ich betonen möchte – niemals unzweideutig der Fall ist, wird mystische Macht in allen diesen Bereichen primär als eine negative Kraft angesehen. Die dramatische Überwindung dieser bösen Macht bildet jedoch, wie das fünfte Kapitel zeigt, die archetypische Grundlage für die Übernahme der charismatischen Rolle par excellence – der des Schamanen. Dies ist die positivste Bedeutung, die der Besessenheit als Voraussetzung zur Initiation in charismatische Kulte beigelegt wird. Dort, wo die Behandlung die Form einer Bändigung statt einer Austreibung der Geister annimmt, wird sie zu einem charismatischen Initiationsritus, wie er für den Schamanismus typisch ist. Ich glaube, daß irreführende Verdinglichungen, die »positive« und »negative« mystische Erfahrung getrennt behandeln, viele Anthropologen und andere Forscher daran gehindert haben, den ubiquitären Charakter der schamanistischen Initiation und deren Stellung innerhalb der »Laufbahn-Struktur« von Besessenheitskulten zu erkennen. Auch hier zwingen die ethnographischen Daten uns zu einer Revision anthropologischer Theorie.

Diese breit angelegte vergleichende Analyse trägt nicht nur zu einem besseren Verständnis der internen Triebkräfte von charismatischen Kulten bei, sie wirft auch ein Licht auf die externe Funktion marginaler Kulte bei der Definition ideologischer Abgrenzungen. Das Abschlußkapitel zeigt (unter Bezugnahme auf den afrikanischen Islam), wie diese marginalen, lokalen Kulte von offizieller Seite (entgegen den historischen Fakten) zu »Überresten« *(survivals)* erklärt werden und damit zu dem dynamischen Anpassungsprozeß beitragen, bei dem universale Weltreligionen die Orthodoxie des Zentrums immer wieder definieren und neudefinieren, indem sie diese einem »primitiven Aberglauben« gegenüberstellen. Der Preis, den die Zentralität der Marginalität für diese Dienstleistung als Kontrastbild entrichtet, ist letztlich die mehrdeutige Macht, die sie an die letztere abtritt. Dieser dialektische Kontext nötigt uns zu einer sorgfältigen Überprüfung des Terminus »Überreste« und fördert zugleich ein besseres Verständnis vom Wesen und den Erfordernissen einer Orthodoxie. Außerdem bringt es unsere Analyse über die Ursachen der Geisterbesessenheit bei Frauen ein Stück weiter, indem gezeigt wird, wie sehr das Ausmaß der Teilnahme von Frauen an diesen Kulten Indikator der Verbürgerlichung und des hohen Ansehens der Männer ist, so daß ein Zusammenhang zwischen Besessenheitsanfälligkeit und dem sich wandelnden sozialen Status der Frauen sichtbar wird.

Und an dieser Stelle bricht meine Argumentation jedenfalls vorläufig ab. Ich hoffe, mir ist zumindest gelungen, die Vorzüge dieser allgemeinen vergleichenden Herangehensweise an die Gestaltungen mystischer Energie darzustellen, die in der Regel verdinglicht und so behandelt werden, als bestehe zwischen ihnen keinerlei Zusammenhang – womit sie, wie ich meine, grundlegend mißverstanden werden.

Das erste und zweite Kapitel beruhen auf den Texten öffentlicher Vorlesungen, die nicht mehr verändert wurden. Fragen aus dem zweiten Kapitel sowie daran anschließende Entwicklungen werden in den folgenden Kapiteln eingehender behandelt. Besonders was die Durcharbeitung dieses späteren Materials angeht, habe ich von Diskussionen mit zahlreichen Freunden und Kollegen an den Universitäten von Budapest, Helsinki, Illinois, Indiana, Kioto, Neapel, Osaka, Pennsylvania, Rom, Urbino und Washington profitiert (um nur die von meiner eigenen Universität entfernteren anzuführen). Wie immer danke ich ganz besonders Joan Wells, Caroline Simpson und Carol Evans, die für einen Großteil dieses Buches das Manuskript samt zahlreicher Änderungen mit der Maschine geschrieben haben. Ein herzliches Dankeschön gebührt auch Christina Toren, die mir bei der Erstellung der Anmerkungen und der Bibliographie behilflich war.

Anthropologische Feldforschung und exotische Glaubensvorstellungen

I

Wer nicht selbst Sozialanthropologe ist, muß sich über die tiefe metaphysische Bedeutung wundern, die wir der »Feldforschung« an exotischen Schauplätzen als einer notwendigen Vorbedingung für die Ausbildung und Daseinsberechtigung des praktizierenden Anthropologen beimessen. Professor C. G. Seligman, der Wohltäter Malinowskis und erste reguläre Lehrer unseres Faches an der London School of Economics, sagte nicht zuviel, als er für die Finanzierung von Forschungsvorhaben mit den beschwörenden Worten plädierte: »Feldforschung ist für die Anthropologie, was das Blut der Märtyrer für die Kirche war!«[1] Wenn nur die eine ebenso reichlich vorhanden gewesen wäre wie das andere! Sie macht uns zu dem, was wir sind: ohne sie sind wir nichts. Wenn man Studenten fragt, warum sie Anthropologie studieren wollen, erhält man denn auch von den meisten die entwaffnende Antwort: »Um Feldstudien zu treiben!« Und wenn man so unvorsichtig wäre, an einer Fakultätssitzung der Anthropologen teilzunehmen, wäre man bestürzt über das haßerfüllte Gezeter, das regelmäßig losbricht, sobald wieder einmal über die heißbegehrte »Bewilligung einer Beurlaubung von Lehrverpflichtungen zum Zwecke des Abschlusses eines Forschungsvorhabens in Übersee« diskutiert wird.

Feldforschung ist also unser Utopia, unser chiliastischer Traum; und in einer solchen Atmosphäre ist bloße »Bibliotheksforschung«, wie sie abschätzig genannt wird, im Grunde genommen tabu – allenfalls eine Lösung für Schwachmatiker und regnerische Tage. Die eigentliche Probe für Rang und Ansehen des zünftigen Anthropologen besteht nach wie vor im erfolgreichen Abschluß einer größeren Feldforschung in exotischer Umgebung. Erforderlich ist ferner, daß der Forscher seine eindrucksvolle Beherrschung der relevanten Landessprache unter Beweis stellt und die Ergebnisse seiner heroischen Unternehmungen in einer entsprechend gründlichen und gelehrten Monographie vorlegt, in der sie dann eingehend besichtigt werden können. Je schwieriger, unzugänglicher und gefährlicher das Gebiet, desto besser. Und je länger der Zeitraum der Feldstudien, desto größer das Verdienst des Forschers. So wird die Zahl der Jahre und Monate (gegebenenfalls sogar der Wochen), die wir unter der Sonne verbrachten, auf der Tafel unserer Tage gewissenhaft registriert und gründlichst überprüft. Diese Statistiken werden sorgsam gehütet und erscheinen an prominenter Stelle in jenem faszinierenden ethnographischen Denkmal, das da heißt *The Register of Members of the Association of Social Anthropologists of the Commonwealth.*[2]

In dieser Tradition richtet sich die vernichtendste Kritik, die man an einem Kollegen üben kann, gegen die Qualität seiner Feldstudien. Hat er *wirklich* die Tatsachen richtig erfaßt? War er *wirklich* in der Landessprache so gut beschlagen, daß wir seine komplizierte Interpretation der Symbole akzeptieren können? Stellen seine Befunde eine einseitige Auffassung dar, weil er nur mit einer einzigen Gruppe der von ihm untersuchten Gemeinde engen Kontakt hatte? Bedenken solcher Art untergraben die Reputation, ja gefährden womöglich die Karriere auch des brillantesten Theoretikers, sofern er nicht auch seine Kompetenz als Feldforscher hinreichend unter Beweis gestellt hat. In diesem Zusammenhang ist der Fall Lévi-Strauss von besonderem Interesse. Wie er selbst gelegentlich einräumt und wie auch seine wärmsten britischen Fürsprecher nicht bestreiten[3], ist seine Feldforschung ungleichmäßig und dünn und bleibt weit hinter den von Malinowski gesetzten Maßstäben zurück. Ja, die meisten seiner theoretischen Schriften stützen sich stark auf Informationen, die er aus anderen Autoren zusammengetragen hat, und sind in diesem Sinne ausgesprochen abhängig von der Sekundärliteratur. Trotzdem proklamiert Lévi-Strauss die entscheidende Rolle von Feldstudien für unser Fach und verrät höchst ambivalente Einstellungen ihnen gegenüber. In seiner Replik auf einen temperamentvollen Angriff des französischen Soziologen Gurvitch wirft Lévi-Strauss letzterem vor, die Ziele der Anthropologie zu verkennen und zu verzerren. Herablassend erklärt er, es liege überhaupt nicht in unserer Absicht, eine möglichst vollständige Kenntnis der von uns untersuchten Gesellschaften zu gewinnen. Dann fährt er fort:

»Zwischen einem solchen Anspruch und den Mitteln, die wir anwenden, wäre das Mißverhältnis so groß, daß man uns mit gutem Recht als Scharlatane bezeichnen könnte. Wie kann man an die Quellen einer Gesellschaft, die uns fremd ist, im Laufe eines Aufenthaltes von einigen Monaten bei völliger Unkenntnis ihrer Geschichte und mit einer meist rudimentären Kenntnis ihrer Sprache herankommen?«[4]

Diese interessante Riposta, auf die man mit einem »pro domo!« entgegnen möchte, steht in auffallendem Gegensatz zu einer anderen Passage desselben Autors. Hier läßt Lévi-Strauss, wiederum in einer Replik auf seinen Kritiker Gurvitch, die verschiedenen ethnischen Gruppen namentlich Revue passieren, die er in Südamerika besucht hat, und bemerkt indigniert:

»Alle [sc. diese Namen] zusammen bringen mich den Männern und Frauen nahe, die ich geliebt oder gefürchtet habe und deren Gesichter in meinem Gedächtnis geistern; sie vergegenwärtigen mir Mühen und Freuden, Leiden, zuweilen auch Gefahren. *Das sind meine Zeugen* [Original ohne Hervorhebung]; sie genügen, um das Band zu zeigen, das meine theoretischen Gesichtspunkte an die Wirklichkeit bindet ...«[5]

Und in einem späteren Absatz verkündet er noch nachdrücklicher, geradezu trotzig:

»[Ich bin] ein Ethnologe, der im Gelände gearbeitet ... hat.«[6]

Das ist nicht das Bild, das wir uns im allgemeinen von Lévi-Strauss machen; aber die Aussage ist eine der vielen Facetten seiner schillernden Situation, auf die ich später noch zurückkommen werde. An dieser Stelle können wir auch festhalten, daß eine der gegenwärtig einflußreichsten Schulen der amerikanischen Anthropologie die Feldforschung in ähnlicher und noch unmittelbarerer Weise fetischisiert, indem sie eine »Neue Ethnographie« propagiert. Mit dieser Bezeichnung sucht sie sich jenes Prestige anzueignen, das traditionellerweise der minuziösesten und skrupulösesten Erhebung von Felddaten anhaftet.

Als weiterer Beweis für die Fixiertheit des Anthropologen auf Feldstudien in fremden Kulturen verdient die eigentümliche Stellung des Anthropologen Beachtung, der seine eigene Kultur einer Untersuchung unterzieht. Die orthodoxe Auffassung geht, wie zu erwarten, dahin, daß derartige Forschungen von zweifelhafter Legitimität seien. Man ist der Ansicht, die Distanz zwischen dem Beobachter und dem Beobachteten sei nicht groß genug, um jene Funken der interkulturellen Inspiration zu erzeugen, die für die anthropologische Phantasie so wichtig sind. Aber ist das immer und notwendigerweise so? Nur wenige Gesellschaften sind wirklich homogen. In den meisten von ihnen gibt es signifikante und z. T. wechselseitig unverständliche kulturelle Unterschiede. Das ist einer der Gründe, weshalb es durchaus möglich ist, daß ein in Großbritannien eingebürgerter Ausländer der zweiten Generation echte anthropologische Feldforschung innerhalb des Vereinigten Königreichs durchführt. Ein vielleicht etwas extremes Beispiel für ein derartiges kulturell differenziertes Gebiet ist Ulster. Ferner gibt es die andere Überlegung, daß der einheimische Anthropologe Feldstudien in seiner Heimat gewissermaßen von hinten her aufzieht. Die Höhenflüge der Phantasie nehmen in seinem Fall ihren Ausgang nicht so sehr von der tatsächlichen Sammlung der ethnographischen Daten, als von deren Analyse und schriftlicher Fixierung.

Und schließlich: falls die Feldforschung wirklich so entscheidend ist für unser Fach, müßten unterschiedliche Feldmethoden eigentlich auch unterschiedliche Arten von Anthropologie hervorbringen. In gewisser Weise hat diese Annahme stets dominiert und ist auch für die große Bedeutung verantwortlich, die wir alle dem Einfluß Malinowskis beimessen. In diesem Sinne hat Audrey Richards vor kurzem[7] darauf hingewiesen, daß die kontrastierenden Merkmale der französischen und der britischen Anthropologie die unterschiedlichen Feldmethoden in beiden Ländern widerspiegeln. Die leichtfüßigen Franzosen fallen wie ein Schwarm von Heuschrecken in ihrem Terrain ein und nehmen dort eine Reihe kurzer, energischer Sondierungen vor. Diese können mit Unterbrechungen über ein Jahrzehnt oder länger fortgesetzt werden und gipfeln mitunter in einer dramatischen Schlußkonfrontation, bei der die untersuchten Völker schließlich vor diesem erbarmungslosen Bohren kapitulieren und ihre verborgene Seele entblößen. Wie anders dagegen wir britischen Anthropologen! Unser Vorgehen ist eigenbrötlerischer, konzentrierter, intensiver; in 18 bis 24 Monaten kontinuierlichen, ununterbrochenen Arbeitens und totalen Eintauchens in die Welt unserer Gastgeber versuchen wir verbissen, die dominanten Züge einer ganzen Kultur aufzudecken und für die Nachwelt festzuhalten. Wir verehren dieselbe Muse wie unsere französischen Kollegen, aber wir begehen ihren Kult auf eine andere Weise.

Vermöge dieser romantischen Suche nach Erkenntnis und Erhellung durch die noch nicht »erfaßten« Völker der Dritten Welt (Völker, die zum größten Teil von der konventionellen europäischen Gelehrsamkeit vernachlässigt zu werden pflegten) kann die Sozialanthropologie den legitimen Anspruch erheben, die »Black Studies« begründet zu haben, jene neuartige akademische Disziplin, die sich dem Studium alternativer Kulturen, Institutionen und Glaubensvorstellungen widmet. Wir sind somit echte transkulturelle Transvestiten, berufsmäßige Fremde, kulturvergleichende Voyeure. Und Feldstudien sind nun einmal in erster Linie eine Sache des Beobachtens und Aufdeckens, so daß eine gut entwickelte natürliche Neugier eine unabdingbare Eigenschaft des erfolgreichen Feldforschers zu sein hat. Ob es ihm gefällt oder nicht: jeder Anthropologe hat in der Praxis etwas von einem Privatdetektiv an sich, der schonungslos und oft störend seine Nase in die Angelegenheiten seiner fremden Gastgeber steckt und damit brutal in ihre Privatsphäre eindringt. Kein Wunder, daß die meisten Anthropologen an irgendeinem Punkt ihrer Feldstudien als Spione beargwöhnt werden – unabhängig davon, welche Absichten oder politischen Überzeugungen oder Verbindungen sie haben. (Insofern besteht also eine eigentümliche Harmonie zwischen diesem zwielichtigen Aspekt des empirischen Teils der Anthropologie und der gegenwärtigen Beliebtheit, deren sich Ausdrücke wie »versteckte Botschaften«, »Codes«, die es zu »knacken« gibt, und andere Entlehnungen aus dem Jargon der Kommunikationsindustrie in jener höheren Welt der Symbolanalyse erfreuen, die bei den Eingeweihten, vielleicht etwas unglücklich, als Semiologie bekannt ist.) Ja, die privilegierte Intimität des Feldforschers mit seinen Gewährsleuten ist sogar so groß, daß sie – sofern wir gewissen Autoritäten glauben wollen – sowohl die Eheschließung als auch andere, weniger formale romantische Bindungen automatisch ausschließt. Nach Margaret Mead ist eines der besonderen Risiken, die beim Studium dessen, was sie etwas altmodisch »Hochkulturen« nennt, auftreten können, die Gefahr, daß der Anthropologe tatsächlich seine Informanten heiraten möchte![8]

II

Feldforschung ist für uns noch in einem anderen Sinn eine Reise, insofern sie nämlich der Königsweg zur anthropologischen Berufung ist. Der Anthropologe in spe bildet sich für die Feldforschung aus, verschwindet ins Feld und kehrt schließlich wieder zurück, um seine Forschungsergebnisse zu Papier zu bringen, seinen Doktor zu machen und seine berufliche Karriere zu starten. Wie eine ganze Reihe von Anthropologen bemerkt haben, niemand aber einfühlsamer als Rosemary Firth,[9] haben wir hier das bekannte dreiteilige Muster der meisten Übergangsrituale vor uns. In der ersten Phase schickt der Neophyt sich an, seinen bisherigen Status zu opfern und seine ethnozentrischen Annahmen abzutun. In der zweiten, der »Schwellen«-Phase, zieht er sich zurück, um die neue Kultur seiner Gastgeber kennenzulernen. In der dritten Phase kommt er in seiner neuen Rolle als zukünftiger Anthropologe wieder zum Vorschein, um erneut in seine eigene akademische Kultur aufgenommen zu werden. Jede Stufe hat die zu ihr gehörenden Traumata, die bis zu einem gewissen Grad konventionalisiert worden sind; die am schwersten zu ertragenden sind die Traumata der tatsächlichen Feldforschung und die der nachfolgenden schriftlichen Fixierung. Hier liegt jedoch ein abgründiges Paradoxon. In ihren faktischen und theoretischen Belangen ist die Anthropologie eine kumulative Disziplin, in der neue Entdeckungen zu neuen Theorien Anlaß geben und diese wiederum neuartige Forschungsprojekte bedingen. Doch die tatsächliche Felderfahrung ist für jeden Anthropologiestudenten aufs neue ein einzigartiges und häufig regressives persönliches Drama. Darauf kann man sich einstellen. Aber die Auswirkungen dieser Erfahrung lassen sich niemals im voraus abschätzen, ebenso wenig wie man mit absoluter Gewißheit angeben kann, was bei ihr herauskommen wird.

Diese Überlegungen und die offensichtlich entscheidende Bedeutung dessen, was wir heute unter dem Namen »Kulturschock« kennen, haben natürlich zum Vergleich mit ähnlichen Erfahrungen in der Psychiatrie und der Psychoanalyse eingeladen.[10] Es macht sicherlich Sinn, wenn wir »das Feld« als anthropologisches Äquivalent zur Couch des Analytikers bezeichnen, und die Analogie zwischen Feldstudie und Lehranalyse liegt auf der Hand. Es ist auch nicht schwer zu erkennen, daß der Prozeß der teilnehmenden Beobachtung eine zumindest partielle Assimilierung und Verinnerlichung der Moralvorstellungen und Annahmen jener fremden Gesellschaft, die wir gerade untersuchen, mit sich bringt. So berichtet S. T. Kimball, wie er im Verlauf seiner Feldstudien in Irland eine Begegnung mit einem Geist hatte und wie diese dazu beitrug, seine Gastgeber davon zu überzeugen, daß er ein normaler Sterblicher sei. Ich selbst erinnere mich, wie beeindruckt ich war, als Paul Baxter mir erzählte, er sei in den Geist der halbnomadischen Galla Nord-Kenias, die er untersucht hatte, so eingetaucht, daß er anfing, Galla-Träume zu haben. In ähnlicher Weise schildert Rosemary Firth, wie sie am Vorabend ihres Abschieds von Malaya, wo sie mit Raymond gearbeitet hatte, einen entsetzlichen Alptraum hatte. Sie träumte, sie sei »eine malayische Bäuerin geworden, die, über das Feuer gebückt, versuchte, die Aschenglut für das abendliche Essen zu entfachen«. Sie erwachte »in Angst und Schrecken, für Augenblicke im Zweifel über ihre wahre Identität: malayische Bäuerin oder englische Forscherin«.[11]

Die Terminologie, die in den reflektiveren Schriften über Feldforschung gebraucht wird, übernimmt zu einem nicht geringen Teil dieselben Anspielungen. Professor Evans-Pritchard, mein Lehrer in Oxford, erklärt, daß nur der Anthropologe, nicht aber seine Gastgeber, jene »Übertragung« vornehmen könnte, die unabdingbar sei, wenn Feldforschung erfolgreich sein solle.[12] Der überwiegende Teil der anthropologischen Diskussion über diesen Punkt scheint jedoch eher Lévi-Strauss[13] zu folgen, der den Anthropologen als das Äquivalent des Analytikers oder Psychiaters betrachtet und die Menschen, die er untersucht, als seine Patienten. Damit wird die Aufgabe der Übertragung vom Anthropologen auf das von ihm untersuchte Volk verschoben. Indes brauchen wir über diese seltsamen Transformationen nicht allzu beunruhigt zu sein; denn sogar die Psychoanalytiker erkennen jetzt offiziell das an, was sie so gelungen »Gegenübertragung« nennen. Das ist bekanntlich der Prozeß, in dem der Analytiker gegenüber seinen Patienten Gefühle entwickelt, die ebenso ambivalent sind wie deren Gefühle ihm gegenüber. Wir wissen natürlich auch, daß die Grenze zwischen Patient und Arzt besonders auf dem psychiatrischen Gebiet nicht immer klar definiert ist und sogar bereitwillig überschritten wird, in beiden Richtungen.

Ausdrücklich anerkannt werden diese Tatsachen in demjenigen älteren, devianten Kult, den die Anthropologen Geisterbesessenheit oder Schamanismus nennen und der in meinen Augen ein aufschlußreicheres Modell sowohl des psychoanalytischen als auch des anthropologischen Berufs ist. Man bedenke die Parallelen![14] Wie ein Schamane begibt sich der Anthropologe auf die Reise zu fernen, geheimnisvollen Welten, von denen er einen reichen Schatz exotischer Weisheit mitbringt. Er vermittelt zwischen der eigenen Gruppe und dem Unbekannten. Er spricht »mit Zungen«, die zu Hause oft unverständlich sind, und fungiert als Medium zu jenen fremden Kulturen, die er durchstreift und die er in einem bestimmten Sinn verkörpert. Wie so viele Schamanen und Psychiater, nimmt er in der Regel eine Grenzposition ein, und zwar sowohl in seiner eigenen Kultur als auch in jener, die er auf der Suche nach Erkenntnis besucht.

Auch stammen Anthropologen – so wie es bei Malinowski war – in der Regel aus anderen Berufen, die sie ebenso plötzlich wie dramatisch aufgeben, um wie unter einem Zwang ihrer wahren und endgültigen Berufung zu folgen. Malinowskis ganzes System der anthropologischen Ausbildung von Graduierten basierte auf der schamanistischen Annahme, alle seine Studenten seien Konvertiten, denen die Vorsehung verhieß, ihre wahre Bestimmung zu ergreifen. Und diese Methode wurde in Bausch und Bogen nach Oxford übertragen, wo sie zunächst durch Radcliffe-Brown und dann durch Evans-Pritchard in die Tat umgesetzt wurde. Diese schamanistische Tradition lebt in der von einflußreicher Seite vertretenen Auffassung fort (einer Auffassung, die ich nicht gänzlich teile), Sozialanthropologie solle nur reifen Studenten auf Graduiertenebene gelehrt werden, die bereits in einem anderen Fach ausgebildet sind.

Verfolgen wir diese Parallele weiter, so merken wir, daß der Anthropologe, indem er die Kultur seiner fremden Gastgeber (deren Klient er ist) verinnerlicht, von ihnen »besessen« wird. Zwar wird er, wie alle Schamanen auf der ganzen Welt, möglicherweise heucheln und behaupten, daß er »sie besitzt«, und deshalb verdächtig oft von »*seinem* Volk« sprechen. Aber man lasse sich nicht täuschen! Die wirkliche Situation ist, daß sie ihn besitzen. Oder vielmehr ist, wie in anderen Besessenheitskulten, die Situation in Wirklichkeit nicht eindeutig, so daß jeder an ihr Beteiligte den anderen besitzt (wie beim Geschlechtsverkehr).

Wenn der Anthropologe zuletzt dazu übergeht, seine Befunde zu analysieren und zu Papier zu bringen, externalisiert er seine Erfahrung und löst sich allmählich von seinen Gewährsleuten ab. Er stellt die ursprüngliche Distanz wieder her, die die beiden Kulturen voneinander trennte. Dieser Prozeß ist eine Form des Exorzismus. Und wie zu erwarten war, kann der Anthropologe wie in schamanistischen Kulten sich kaum jemals endgültig und völlig von seiner Muse lösen. Vielmehr verharrt er in einem permanenten Zustand der Hörigkeit, der ihn in periodischen Abständen heimsucht und ihn zwingt, weiteres exorzistisches Schrifttum zu produzieren. Manchen freilich bleibt sogar diese Entlastung versagt; sie sind so vollkommen in Bann geschlagen, daß sie allen Versuchungen, Exorzismus zu treiben, mutig widerstehen und im Grunde genommen im Zustand unablässiger stummer Kommunion mit ihrer Muse leben.

III

Es ist nun an der Zeit, die Schätze, die der Anthropologe von seinen schamanistischen Reisen mit nach Hause bringt, einer sorgfältigen Prüfung zu unterziehen. Betrachten wir zunächst das, was die Psychiater ohne Zweifel unsere »primären Gewinne« nennen würden. Wenn er nicht neue Informationen über eine bisher gar nicht oder nur unzureichend dokumentierte Kultur gewonnen hätte, hätte der Anthropologe nicht viel zu sagen. Denn natürlich sind wir alle Plagiatoren, *bricoleurs,* die nach Schmarotzerart von ihren ethnographischen Quellen leben. Was hätte Malinowski ohne die Trobriand-Insulaner getan, Evans-Pritchard ohne die Nuer und Zande, Firth ohne die Tikopia, Forde ohne die Yako? Alle unsere Verlautbarungen haben nur dann Überzeugungskraft und Authentizität, wenn wir sie im Leben und Denken der von uns untersuchten Menschen verankern können. Auf unsere ethnographischen Quellen stützen wir unsere unverzichtbaren Legitimitätsansprüche; sie stellen uns gleichsam unser Empfehlungsschreiben aus. »Die Nuer tun dies und das, denken Sie nur.« – »Wie komisch, die Somali nicht.« Und so fort.

Dieser letztliche Rückbezug aller unserer Ideen auf die ethnographischen »Fakten« ist uns heute so in Fleisch und Blut übergegangen und gilt als so selbstverständlich, daß wir uns kaum noch klarmachen, *wie* abhängig wir von unseren Quellen sind. Im schmerzlichen Bewußtsein der Subjektivität unserer Forschungstechniken neigen wir dazu, unseren eigenen Anteil zu überschätzen und den unserer Gewährsleute zu unterschätzen. Und so seltsam es klingen mag: Dieselbe Tendenz zu einer Position ethnozentrischer Superiorität scheint mir auch in der modischen, wenngleich schon etwas strapazierten Auffassung zu stecken, die Anthropologie sei nichts weiter als der mißratene Sprößling des westlichen Imperialismus. Dieser Sichtweise erscheinen die Anthropologen, die ihre Forschung in den früheren Kolonialgebieten betrieben, als die freiwilligen oder (etwas gnädiger) die ahnungslosen Handlanger des Imperialismus. Die damaligen Gegebenheiten, so wird behauptet, haben bewirkt, daß Forscher, die ihre Feldstudien in der Kolonialzeit durchführten, die wirkliche Stellung ihrer Studienobjekte verkannten und damit zwangsläufig verzerrte Analysen von sozialen Strukturen und Kulturen lieferten.

Ich finde die gönnerhaften Untertöne dieser Interpretation widerwärtig. Sie geht von der Annahme aus, die Menschen, die wir untersuchen oder untersucht haben, besäßen keine eigene Energie und Lebenskraft; ihre Kulturen seien kraftlos und glanzlos und entbehrten der inneren Dynamik, des *élan vital*, der Fähigkeit zur Selbstartikulation; und die wortgewandten Vertreter fremder Kulturen, die dem Anthropologen von Zeit zu Zeit begegneten, seien per definitionem keine repräsentativen Vertreter, sondern im Gegenteil indoktrinierte Sklaven und »Uncle Toms« gewesen. Diejenigen, die dieses abwegige Bild entwerfen, haben, wie man berücksichtigen muß, für gewöhnlich selbst keine Feldstudien getrieben und tendieren dazu, die beklagenswerte Behandlung der Indianer Nord- und Südamerikas in unzulässiger Weise zu verallgemeinern.[15] Sie sind aber auch, so scheint mir, Opfer einer weiter verbreiteten ethnozentrischen Tendenz, die Wucht und Endgültigkeit der europäischen Kultur und ihrer implizierten und explizierten Annahmen stark zu übertreiben. Was immer Durkheim gesagt haben mag: Die Völker, die wir untersuchen, sind *keine*

Roboter. Im Gegensatz zu Malermodellen stehen sie nicht willig Modell, während der allwissende Ethnograph seinen brillanten Pinsel schwingt. Kulturen posieren für den Anthropologen *nicht* in jener unterwürfig-manipulierbaren Weise, die der Maler von seinen Sujets erwartet (natürlich mit Ausnahme jener Fälle, in denen der Modellsitzende dafür bezahlt, porträtiert zu werden). Unsere gegenwärtige Präokkupation mit sogenannten »theoretischen Modellen« verdeckt passenderweise die Armut unserer eigenen Originalität und den mit ihr kontrastierenden Reichtum der Originalität bei den Völkern, die wir untersuchen. *Wir* sind es, nicht sie, die die Marionetten sind. Ich möchte diese ketzerische Ansicht an einigen Beispielen belegen.

Da ist zunächst der instruktive Fall Lévi-Strauss. Es gibt eine umfassende und oft unangenehm exegetische (um nicht zu sagen: liturgische) Literatur über die Gedanken dieses brillanten Mannes und ihre geistige Herkunft (eine Literatur, von der er selbst vieles desavouiert hat).[16] Aber wie immer es um den unverkennbaren Einfluß Hegels, Marx' und Freuds auf die Entwicklung seines Denkens bestellt sein mag, es gibt daneben auch eine sehr bemerkenswerte Übereinstimmung zwischen seinen Schlüsselbegriffen und den maßgeblichen Merkmalen jenes ethnographischen Gebiets, in dem er seine tatsächliche Feldforschung betrieben hat. Wie allgemein bekannt, ist die Kolonialgeschichte der Indianer eine traurige Sache raubgieriger Ausbeutung und Vernichtung. Soweit die Indianer nicht von den Eroberern umgebracht wurden, schrumpfte ihre Zahl in dramatischer Weise infolge exotischer neuer Krankheiten und damit zusammenhängender anderer Katastrophen. Unter diesem Ansturm wurden die noch existierenden Reste der einheimischen Kultur durch fremde Zutaten weiter verkümmert und verwässert, mit denen zusammen sie in einigen Fällen bizarre, hybride Kulturmuster erzeugten. Das Auftauchen indianischer Motive in den heute zunehmend populärer werdenden synkretistischen Kulten des amerikanischen Kontinents ist ein eindrucksvolles Zeugnis für die Vitalität und Überlebenskraft der indianischen Kultur, aber auch für den hoffnungslosen Druck, dem die ursprünglichen Träger dieser Kultur seit Jahrhunderten ausgesetzt sind. Gegenkultur ist ein viel älteres Phänomen in Amerika, als gemeinhin angenommen wird.

Aus anthropologischer Sicht betrachtet, brachte die Kolonisierung Amerikas ein verwirrendes Sortiment von ethnographischen Puzzlespielen hervor. Das ermutigte diejenigen Forscher, die sich auf die Lösung dieser Puzzles verlegten, ihre Aufmerksamkeit auf das zu konzentrieren, was Robert Murphy die »kulturellen Restbestände des Bewußtseins« genannt hat, indem sie aus den ältesten indianischen Gewährsleuten, die sie ausfindig machen konnten, die letzten Stücke noch erinnerten Brauchtums herausquetschen. Es zog auch eine ganze Serie von Monographien nach sich, die in ihrem erschöpfenden Katalogisieren von disparaten und oft zusammenhanglosen Kulturelementen wie Wäschereiverzeichnisse zu lesen sind.[17]

Diese Umstände entsprechen in verblüffender Weise Robert Lowies Definition der Zivilisation als einem »Flickenteppich« (»a thing of shreds and patches«).[18] Sie spiegeln sich auch, wie ich meine, unmittelbar in Lévi-Strauss' Konzeption der Primitiven als *bricoleurs:* Eigenwillige Strandguträuber, die die seltsam sortierten Schätze auflesen und in einfallsreicher Weise neu zusammensetzen, die die aufeinander folgenden Gezeiten unterschiedlicher Kulturen und Zivilisationen an ihren Strand spülen. Dieselben formativen Kräfte scheinen auch bei der Entwicklung von Lévi-Strauss' Struktur- und Strukturalismus-Begriff und bei seiner verwirrenden Gegenüberstellung von »mechanischem« und »statistischem« Modell wirksam gewesen zu sein. Ein Gebiet, das mit so vielen künstlich konservierten Kulturelementen übersät ist und ebenso sehr der Archäologie wie der Ethnographie gehört, bewog eine frühere Anthropologengeneration dazu, die Ähnlichkeiten, die sie zwischen dem einen Kulturkomplex und einem anderen entdeckten, als Diffusion der Kulturelemente aus einer gemeinsamen ursprünglichen Quelle zu erklären. In der Tat ist es nur ein ganz kleiner Schritt von dieser Theorie zur zerebralen Geologie eines Lévi-Strauss und seiner Suche nach »unbewußten Strukturen« – ein Schritt zudem, der den Gegebenheiten seines Gebietes ebenso gut entspricht wie der frühere diffusionistische Ansatz. Ja, im Grunde genommen ist diese Transformation vom Diffusionismus zum Strukturalismus in manchen Schriften des großen Meisters explizit sichtbar.[19]

Wenden wir uns nunmehr Beispielen für denselben ethnographischen Imperialismus aus unserer eigenen einheimischen Tradition des Struktural-Funktionalismus zu. In den letzten Jahren ist immer deutlicher geworden, daß die theoretischen Interessen der Afrikanisten unter den Anthropologen, insbesondere die Akzentuierung von verwandtschaftlichen corporate groups, segmentären Lineagesystemen und zentralisierten Königreichen, lokale Kulturbesonderheiten Afrikas widerspiegeln. Generalisierende theoretische Modelle, die auf diesen Arbeiten aufbauen, sind keineswegs immer so leicht übertragbar, wie viele dies erhofft hatten. Wie Anthony Forge in seiner Malinowski Lecture von 1971 so nachdrücklich demonstriert hat, ist Neu-Guinea in vieler Hinsicht ein Testfall für die anthropologische Theorie. Schwierigkeiten bei der Verpflanzung von afrikanischen Modellen nach Neu-Guinea, die die lange Seereise offenbar nicht unbeschadet überstanden haben, schärfen zunehmend unser Bewußtsein dafür, in wie hohem Maße unsere Theoriebildung von der Gegend beeinflußt wird, in der wir unsere Forschungen durchführen.[20] Oh, diese trügerischen Korallenriffe!

Ähnliche Kompatibilitätsprobleme treten auch auf, wenn andere ethnographische Regionen zur Debatte stehen. So ist heute ziemlich klar, daß die lange Kontroverse zwischen Meyer Fortes und Edmund Leach in Cambridge um die relative Bedeutung von Verwandtschaftsbanden, die auf Filiation basieren, und solche, die durch Heirat entstehen, in Wahrheit eine Auseinandersetzung zwischen den Tallensi Nord-Ghanas und den Kachin in Burma ist. Die ersteren projizieren ein Bild der unentrinnbaren Natur der Blutverwandtschaft. Die letzteren sind im wesentlichen Allianztheoretiker und unterstellen, daß, weil es in ihrem Falle ehrenvoller und daher prestigereicher ist, Ehefrauen wegzugeben, anstatt sie zu empfangen, dies für die gesamte Menschheit gelten müsse. (Die Kachin unterliegen in diesem Punkt natürlich einem kapitalen Irrtum, wie eine Reihe von Leachs Kollegen nicht gezögert hat darzutun.)

Aber die wohl schlagendsten Beispiele für diesen Prozeß in der modernen britischen Sozialanthropologie liefert das Werk Evans-Pritchards; sie spiegeln auch sein Charisma als Lehrer wider. So sind die Lineages, die er in den Köpfen der sudanesischen Nuer entdeckte, von seinen Schülern und Anhängern rund um den Erdball transportiert worden. Auf dieselbe Weise hat jener Gegensatz zwischen Hexerei als (para-)psychischer Kraft und Zauberei als magischer Technik, den er in den Vorstellungen der Zande entdeckte, mittlerweile den Status einer universell gültigen kategorischen Unterscheidung erlangt, die unterschiedslos auf alles mögliche übertragen wird. Dieser Gegensatz gehört auch zu den wesentlichen Ecksteinen in verschiedenen modischen Theorien von Anthropologen über Religion und Kosmologie. Platte Tatsache ist indessen, daß die meisten jener Religionen, die analoge Glaubensvorstellungen eines mystischen Übelwollens kennen, die von den Zande gemachte Unterscheidung nicht treffen; tatsächlich ist diese eher die Ausnahme als die Regel. Kennt denn, so könnte man mit Fug und Recht fragen, der Kulturimperialismus der Zande gar keine Grenzen!?

Es wird hoffentlich klar geworden sein, daß der Diffusionismus, mag er als akzeptables theoretisches Unternehmen auch nicht mehr gelten, in den Köpfen der Anthropologen noch immer umgeht, wie andere gebannte Geister auch. Er ist in der Tat der Hauptmechanismus, durch den die Kultur, die wir an der einen Stelle der Erde untersuchen, das beeinflußt, was unsere Studenten an einer anderen Stelle zu finden hoffen. In einem erheblichen Umfang ist Anthropologie in der Tat »Übersetzung von Kultur«, und zwar insofern, als der Anthropologe Ideen an der einen Stelle aufnimmt und sie an einer anderen wieder absetzt. Aus diesem Grund und im Anschluß an seine eigenen Erfahrungen in zwei kontrastierenden afrikanischen Kulturen pflegte Evans-Pritchard seine Studenten zu ermahnen, mehr als nur eine einzige Gesellschaft zu untersuchen. Aber selbst das ist unter Umständen nicht ausreichend. So bekennt Max Gluckman mit lobenswerter Offenheit, daß seine anregende vergleichende Studie über Rebellion in Stammesstaaten unter dem leidet, was er als »den Ethnozentrismus« bezeichnet, »der entsteht, wenn man Zulu und Barotse untersucht«.[21]

IV

Anthropologische Analysen tragen also – trotz all unseres beschönigenden Geredes – zwangsläufig den Stempel jener Kulturen, in denen sie zustande kamen. Aber das anthropologische »Plagiat« hat noch eine weitere Dimension. Es sind nicht nur die (wie die Dogon und Professor Lévi-Strauss sie nennen würden) »Oberflächenstrukturen«, die dieserart mit Beschlag belegt und zu einer allgemeinen theoretischen Währung umgemünzt werden. Hier gilt es auch die Rolle derjenigen zu bedenken, die gelegentlich mit einem (sehr aufschlußreichen) *terminus technicus* als »Schlüsselgewährsleute« bezeichnet werden. Unsere Abhängigkeit von diesen Personen – zumindest bei der Erhellung bestimmter Fragen – wird mitunter ausdrücklich anerkannt. So beschreibt beispielsweise Professor Stanner die besondere Beziehung, die ihn mit einem Gewährsmann der australischen Ureinwohner verband. Dieser Mann hatte ein ungewöhnliches Talent, Anschauungsmodelle zur Illustrierung der Struktur seiner Gesellschaft zu basteln. Eines dieser Demonstrationsobjekte (bestehend aus Stöckchen zum Abzählen und dem Versetzen von Stöckchen zur Markierung von Heirat, Elternschaft, Wohnort und Filiation) legte Stanner schließlich seinem eigenen Modell zugrunde, mit dem er die Theorie des »Systems der Subsektion« der australischen Ureinwohner »genau so« lehren wollte, »wie sie es lehren«.[22] Mit gleicher Offenheit unterstreicht Raymond Firth seine Dankesschuld gegenüber einem besonderen Tikopia-Freund, zu dem er eine einzigartige Beziehung unterhielt und der mehr als jeder andere Gewährsmann zu seinem Verständnis der Tikopiagesellschaft und -kultur beitrug. Ähnlichen Tribut zollte Anthony Forge jenem Big-Man *in spe*, der gleich ihm ein Fremder in dem Dorf auf Neu-Guinea war, das Forge als Basis diente; er betonte, wieviel theoretischen Einblick er ihren gemeinsamen Diskussionen über die Natur von Macht und Herrschaft bei den Abelam verdankte.

Ohne Carlos Castaneda mitzuzählen, sind die herausragendsten Beispiele für solche fruchtbaren Freundschaften mit Gewährsleuten ohne Zweifel Victor Turner und der verstorbene Marcel Griaule; beide Fälle betreffen, wie kaum anders zu erwarten, die Interpretation von Religion und Ritual. Turners eindrucksvoll dokumentierte Analyse des Symbolismus bei den Ndembu Zentralafrikas wurzelt in einem wahrhaft einzigartigen Apparat einheimischer Exegese. Das Werk basiert erkennbar auf monatelanger mühseliger Beobachtung sowie auf Kommentaren aus einer Vielzahl voneinander unabhängiger Quellen, die Turner, wo immer es angängig war, im rituellen Kontext befragte. Nichtsdestoweniger stand Turner nicht an, seine besondere Dankesschuld gegenüber dem Magier Muchona (genannt »die Hornisse«) einzugestehen, der ihn mehr als jeder andere durch den Dschungel der Ndembusymbolik geleitete. Dieser phantasievolle Dolmetsch der Ndembusymbolik und ein freundlicher Missionslehrer der Ndembu bildeten zusammen mit Turner ein improvisiertes Feldseminar, einen »workshop«, der über einen Zeitraum von vielen Monaten die inneren Mysterien der Ndembureligion und des Ndemburituals diskutierte. Wie Turner sich ausdrückt: »[Muchona] machte es großen Spaß, in Worte zu fassen, was er über seine Religion bisher nur unterschwellig gewußt hatte.« Muchona – ein schwächlicher, etwas effeminierter Mann von Sklavenabstammung – war wie sein europäischer Kollege, wenn auch aus anderen Gründen, ein Außenseiter, eine Randpersönlichkeit mit der Fähigkeit zur Objektivierung dessen, was für die meisten Ndembu selbstverständlich war.[23]

Noch bemerkenswerter ist der Fall Griaule, und sei es nur deshalb, weil sein Dialog mit dem blinden Dogonweisen Ogotommeli 33 Tage hintereinander währte und zu jenem einzigartigen anthropologischen Dokument *Dieux d'Eau* führte (englische Version: *Conversations with Ogotommeli;* deutsche Übersetzung: *Schwarze Genesis,* 1970). Nach einer mit Unterbrechungen fünfzehn Jahre dauernden Forschung bei diesem berühmten westafrikanischen Volk am Niger war es die zufällige Begegnung mit Ogotommeli, die Griaule endlich den Durchbruch zu den inneren Mysterien der Dogonkosmologie bescherte. In ihren dauernden, sehr reflektierten Diskussionen wurden schließlich alle Barrieren überwunden, die bisher zwischen dem großen französischen Ethnographen mit seiner brillanten Equipe junger Forscher und den Tiefenstrukturen des Dogondenkens und Dogonmythos gestanden hatten. Ogotommeli starb 1947. Er erlebte weder das Erscheinen des Buches, das Griaule über ihn geschrieben hatte, noch die weiteren Fortschritte des französischen Teams und seiner Feldforschung. Wie Griaule damals traurig bemerkte: »Sein Tod war ein schwerer Verlust für die Humanwissenschaften.« Diesen Tribut schränkte er jedoch sogleich durch den Zusatz ein: »Nicht, daß der blinde alte Mann der einzige gewesen wäre, der die Lehre seines Volkes kannte.«[24]

Diese Beispiele veranschaulichen, in welchem Ausmaß Feldforschung eigentlich ein kreativer Austausch ist. Sie zeigen auch, daß ein Feldforscher schon viel Pech haben muß, wenn er nicht wenigstens *einen* lokalen Gewährsmann findet, der ihm bei seiner Aufgabe hilft. Diese glückliche Situation ist nach meiner Überzeugung viel häufiger, als man einem Großteil unserer Literatur entnehmen kann. Wenn sie einmal zugegeben wird, besteht allerdings die Tendenz, derartige Begegnungen zu einem Austausch zu stilisieren, bei dem der Anthropologe zwangsläufig die beherrschende Rolle spielt, so daß das Ergebnis nur Tribut an seine eigene Findigkeit und Originalität, nicht aber an die seiner Gewährsleute ist. Beispielsweise hält sich vielerorts der Verdacht, daß Griaule, nachdem er die entsprechenden philosophischen Fragen gestellt hatte, Ogotommeli dazu bewog, eine Ad-hoc-Philosophie zu improvisieren, die im wesentlichen kein authentisches Dogonprodukt, sondern eine Synthese aus Elementen beider Kulturen war. Jedenfalls scheinen englische Kommentatoren das Ergebnis als ein gemeinschaftlich geschaffenes Kunstwerk anzusehen, bei dem man nur schwer unterscheiden kann, welchen Beitrag jeder der beiden Künstler im einzelnen geleistet hat. Diese Ansicht erinnert an jene herrlich egozentrische Stelle im ersten Band der *Mythologiques,* wo Lévi-Strauss erkärt, es sei unerheblich, ob die Denkprozesse südamerikanischer Indianer durch das Medium seines Denkens Gestalt gewönnen oder ob sein Denken sich im Medium ihrer Denkprozesse abspiele.[25]

V

Wie es sich mit dem wirklichen Verhältnis von Erfindung und Kreativität in diesen und vergleichbaren Fällen auch verhalten mag, wir müssen nunmehr zur Betrachtung weniger offenkundiger Formen des anthropologischen Plagiats übergehen, bei denen der Ethnograph – mitunter unbewußt – nicht nur seine vielschichtigen faktischen Daten, sondern auch seine theoretischen Interpretationen von anonymen Gewährsleuten übernimmt. Beginnen wir mit einem Beispiel, bei dem die Intepretation in den ethnographischen »Fakten« selbst im Grunde schon enthalten ist. Es gereicht Mary Douglas zur Ehre, daß sie keinen Versuch unternimmt, die eigentliche ethnographische Quelle ihrer

Beiträge zur Anthropologie zu verschleiern. Doch ist es in den eigenwilligen Strömungen der gegenwärtigen Theoriebildung über das Wesen von Kosmologien oft nicht einfach, im Gedächtnis zu behalten, daß die Genese von Professor Douglas' anregenden Ideen zum Thema »gefährliche Anomalien« weit hinter William James und Leviticus (das 3. Buch Mose) zurückgeht, nämlich bis zu den bescheidenen Lele vom Kasai im Kongo und deren taxonomischer Behandlung jenes interessanten Geschöpfes, des schuppigen Ameisenfressers (genauer gesagt: zu *einer* der *zwei* lokalen Varianten).[26] Wie Mary Douglas feststellt, beschreiben die Lele das Pangolin in einer Weise, aus der »sein anomaler Charakter unverkennbar hervorgeht«. Wie die Lele sagen: »In unserem Urwald gibt es ein Tier mit dem Leib und dem Schwanz eines Fisches, ganz mit Schuppen bedeckt. Es hat vier Beine, und es klettert auf Bäume.« Es ist symbolisch mit der Fruchtbarkeit verknüpft (Pangolin ist Gegenstand eines Fruchtbarkeitskultes), und in diesem Kontext fällt den Lele auf, daß das Pangolin, wie der Mensch, aber im Gegensatz zu anderen Tieren, jeweils nur ein einziges Junges zur Welt bringt. So ist es, meint Mary Douglas, nicht schwer zu begreifen, daß Pangolins auf dieselbe Weise mit Menschen vergleichbar sind wie die überfruchtbaren Eltern von Zwillingen mit Tieren. Von diesem Ausgangspunkt eilt Professor Douglas' lebhafte Phantasie zu den biblischen Greueln, auf die sie neues Licht zu werfen weiß, kommt von hier aus zu dem allgemeineren explanatorischen Begriff des »Unpassenden« (was einen an Shaws berühmte Definition des Obszönen erinnert) und kulminiert endlich in einer ausführlichen allgemeinen Theorie der mystischen Gefahr. Die Leleethnographie bleibt dabei weit zurück; denn die Ethnographin hat sich sozusagen in andere geistige Gefilde auf und davon gemacht. Wer mit ihren Auffassungen nicht übereinstimmt, hat vielleicht das Gefühl, daß hier die Lele für vieles geradezustehen hätten!

Doch zurück zu der Arbeit Victor Turners bei den Ndembu.

Ndembumänner erweisen ihren Frauen die zweifelhafte Ehre, alle wesentlichen Verwandtschaftsbeziehungen matrilinear herzuleiten. Dafür erwarten sie jedoch von ihren Frauen, daß diese ihre Verwandtschaft mütterlicherseits und ihre Heimat verlassen und in die Siedlung ihrer Männer ziehen. Diese Praxis trennt reife Frauen von ihren nächsten

Verwandten und Freunden, insbesondere aber von ihren Brüdern, denen sie Erben gebären. Diese weltlichen Ereignisse bleiben den Geistern nicht verborgen. Frauen werden in regelmäßigen Abständen von krankmachenden Geistern heimgesucht, die sie »einfangen« und ihnen mancherlei Beschwerden und Leiden verursachen. Die Ndembu erklären, die Geister fielen über ihre menschliche Beute her aus Zorn darüber, daß man sie »vergessen« habe, und unter diesen Umständen ist es nicht überraschend zu erfahren, daß die betreffenden Geister gewöhnlich von der mütterlichen Seite der Familie stammen. Wie Turner es – augenscheinlich die Ndembu paraphrasierend – in analytischer Weise formuliert, dienen diese Anfechtungen der Frauen durch Geister als drastische und heilsame Erinnerung daran, »daß die oberste Loyalität der Frauen ihrem mütterlichen Dorf zu gelten hat und daß sie nicht für ihren Ehemann, sondern für ihre Brüder daheim Kinder bekommen.«[27]

Dieses Beispiel verweist auf einen breiteren Problemkreis, der mit der Sichtweise mystischer Glaubensvorstellungen anderer Menschen durch den Anthropologen zusammenhängt. Wie wir alle wissen, werden Geister und Träume oft in einen vagen Zusammenhang gebracht, und eine der maßgeblichen rationalistischen Erklärungen der viktorianischen Zeit für den Glauben an Geister und Geistertreiben war in der Tat die, beides habe seinen Ursprung in Träumen. Die geistige Urheberschaft für diese Interpretation sahen die Anthropologen für gewöhnlich, wenngleich nicht eindeutig, bei Sir Edward Tylor, dem Zeitgenossen Frazers. Die Ansichten Tylors zu dieser Frage, allgemein als viel zu vereinfachend verworfen, sind in die anthropologische Literatur nur eingegangen, um begleitet von ein paar Abschiedsworten wieder aus ihr zu verschwinden. Evans-Pritchard, stellvertretend für viele seiner Kollegen, verurteilt Tylors Theorie, weil sie eine »Wenn-ich-ein-Pferd-wäre«-Erklärung sei; implizit heißt das, es sei Tylor und nicht der »Wilde« gewesen, der aus Träumen Geister schuf.[28] Es gibt jedoch – auch ohne das Zeugnis von Psychoanalytikern oder Psychiatern – eine Unmenge ethnographischen Datenmaterials, aus dem klar und unzweideutig hervorgeht, daß – bei allem gebührenden Respekt vor Evans-Pritchard – Tylors Interpretation bis zu einem gewissen Punkt dem gesunden Pferdeverstand entspricht. Wie so viele unserer ungeschulten Landsleute messen die Völker, die wir untersuchen, ihren

Träumen in der Tat erhebliche Bedeutung bei und berufen sich auf Traumerfahrungen, um die Existenz der Geister, an die sie glauben, zu beweisen. Das ist eine ethnographische Tatsache, kein Tylorsches Phantasieprodukt.

Darüber hinaus werden sehr spitzfindige Subtilitäten ins Spiel gebracht, wenn es darum geht, die Zusammenhänge zwischen Träumen und Geistern, die man entdeckt zu haben glaubt, aufeinander zu beziehen und zu bekräftigen. Raymond Firth beispielsweise, Vertreter eines rationalistischen Standpunkts, berichtet, die Tikopia glaubten, »daß die Gestalt, die einem im Traum erscheint, kein menschliches Wesen ist, sondern die Verkörperung des Menschen durch einen Geist«; er verwirft auch jeden naiven Versuch, die vermeintliche Wirklichkeitstreue des Traums durch Vergleich der geträumten Person mit dem Inhalt des Traums zu widerlegen.[29] (Hierher gehört auch Godfrey Lienhardts eingehender Nachweis der komplexen metaphysischen Bedeutung von Träumen für die Dinka.[30]) Das Zitat aus Firth erinnert an die faszinierende Diskussion zwischen dem Dogonphilosophen Ogotommeli und dem französischen Ethnographen Griaule über die Frage, wie die schmalen Stufen des himmlischen Hauses der Dogon sich vertrügen mit der ungeheuren Zahl von Tieren, die sie ihrer Kosmologie zufolge ernähren müssen. Die Frage – an die Zahl der Engel auf einer Nadelspitze gemahnend – klingt uns vertraut; genauso vertraut wie Ogotommelis Antwort. Die betreffenden Tiere, erläuterte er, seien Symbole, und »auf einer Stufe von einer Elle Länge fände eine beliebige Zahl von Symbolen Platz«.[31]

Doch wenden wir uns einem anderen Gebiet zu, wo ein faszinierendes Wechselspiel zwischen mystischen Glaubensvorstellungen und anthropologischer Theorie herrscht. Es wird allgemein gesagt, zu den eindrucksvollsten Leistungen anthropologischer Analyse gehöre die Klärung des Problems der Hexerei – ein Thema, das Maurice Freedman treffenderweise als »Paradies des Anthropologen« bezeichnet. Soweit wir heute wissen, stellt Hexerei einen unentbehrlichen Bestandteil in zahlreichen Philosophien des Unglücks dar. Hexerei ist die Freundin, nicht die Feindin der Moral; sie tritt für diese ein und rechtfertigt sie sogar gelegentlich, indem sie sich nur gegen Menschen wendet, deren moralische Unvollkommenheit sie für ihre Wirkungen anfällig macht. Und in ihrer Ausformung als Hexenverfolgung bietet sie ein bequemes Mittel zur Abfuhr jener Zwänge und Spannungen, die sozusagen zu den Kosten eines engmaschigen Gemeinschaftslebens überall auf der Welt gehören. Aus dieser Perspektive betrachtet, ist Hexerei offenkundig ein Pseudonym für Eifersucht und Neid – das Instrument, durch das diesen anti-sozialen Empfindungen die Last der Ungerechtigkeit des Lebens erträglich gemacht wird. Diese Einsichten haben sich insofern als fruchtbar erwiesen, als sie den Anthropologen ein tieferes Verständnis der heterogenen Struktur und komplexen Funktionsweisen von Religion und Ideologie generell erlaubten. Sie bekräftigen natürlich auch zu einem guten Teil das psychodynamische Herangehen an interpersonale Spannungen in der Psychiatrie, wo die Terminologie eine etwas andere sein mag, die Empfindungen aber weithin dieselben sind.

Dies ist nicht unbemerkt geblieben. Allerdings ist die Einstellung mancher Psychiater gegenüber dieser Parallele von einer gewissen Ironie geprägt. Professor Ari Kiev, eine führende amerikanische Kapazität auf diesem Gebiet, sieht sich angesichts der Ähnlichkeit zwischen beiden Theorien zu der feierlichen Warnung veranlaßt, bei der Einführung des psychodynamischen Ansatzes in gewissen Kulturen Vorsicht walten zu lassen, damit der traditionelle Hexenglauben nicht wieder auflebe.[32] Vertreter anderer Disziplinen waren weniger zurückhaltend. Zahlreiche Historiker, namentlich aber Keith Thomas und Alan MacFarlane, haben sich unsere schlichten Entdeckungen zu Herzen genommen und sie mit großem Erfolg auf viele der traditionellerweise vernachlässigten und unterschätzten Aspekte der Glaubensvorstellungen unserer Vorfahren angewendet.[33] Der beunruhigend irrationale Aberglaube früherer Generationen wird lebendiger, wenn er in den breiteren Bedeutungskontext gestellt wird, den die Anthropologie erschließt.

Mein Interesse besteht jedoch an dieser Stelle lediglich darin, den intellektuellen Stammbaum dieser einflußreichen Theorien zu rekonstruieren, die zum Verständnis des Hexenwesens beitragen. Die orthodoxe Genealogie führt uns zurück zu Evans-Pritchards Analyse der Hexerei bei den Zande[34] und zu seinem bemerkenswerten Intellekt – oder, eher vielleicht zum Zusammentreffen seines Intellekts mit denjenigen Zande, die er gut kannte. Aber das ist nur die eine Hälfte der Geschichte. Wir können noch viel weiter gehen und sagen, daß bestimmte Zande, beispielsweise Fürsten, die über den Vorwurf der Hexerei erhaben waren, und andere, ähnlich unengagierte Gewährsleute, die Sündenbockfunktion der Hexenverfolgung und die bequemen Erklärungen des Hexenglaubens selbst genauso durchschauten wie Evans-Pritchard. Evans-Pritchard macht daraus auch kein Hehl. Ja, eines der auffallendsten Verdienste seiner Studie besteht gerade darin, daß er die Konvergenz- und Divergenzpunkte zwischen seiner eigenen Analyse der Glaubensvorstellungen der Zande und der zu verschiedenen Zeiten von verschiedenen Leuten der Zande selbst vorgebrachten Analyse eingehend prüft und darlegt. Andere Völker mit vergleichbarem Zutrauen in die Wirksamkeit mystischer Böswilligkeit haben bewiesen, daß sie bezüglich der Einschätzung dessen, was ihren Glaubensvorstellungen *wirklich* zugrunde liegt, weder den Zande noch deren Ethnograph allzu viel nachstehen.

Ich möchte hiermit selbstverständlich nicht behaupten, daß derartige einheimische Analysen über Funktionsweisen und Bedeutung so wesentlicher Kulturphänomene, wie es der Hexenglauben ist, zwangsläufig exakt mit dem objektiven Bild übereinstimmen, das sich dem Anthropologen nach sorgfältigster Erforschung tatsächlicher Fallgeschichten bietet. Ich bin aber in der Tat der Meinung, daß diese einheimischen Analysen eine Art Metatheorie darstellen, der wir viele unserer hauptsächlichen Anhaltspunkte verdanken, und daß sie demzufolge die ursprüngliche, wenngleich sich selbst verleugnende Quelle für vieles sind, was als fortgeschrittene anthropologische Theorie ausgegeben wird.

Auch ist es nicht nur das Gebiet der Hexerei, auf dem unsere Studienobjekte so begabt zur Selbstanalyse und so freigebig mit ihren theoretischen Einsichten sind! Für das Studium anderer religiöser Phänomene gilt weitgehend dasselbe. So hatte ich z. B. das Glück, einem Stammesangehörigen der Somali zu begegnen, der mir eine fehlerlose Durkheimsche Erklärung der Funktion des traditionellen Ahnenkultes lieferte: Er verwies auf die soziale Euphorie, die durch festliche Gedenkakte am Schrein der Ahnen erzeugt werde. Oder, um mich einem Thema zuzuwenden, bei dem ich mich sowohl in vergleichenden Studien als auch in allgemeiner Theorie versucht habe: Ich muß bekennen, daß meine Interpretation von Besessenheitskulten als einer ländlichen Version von »Women's Lib« unmittelbar den manipulierten Männern zu verdanken ist, die den Löwenanteil der damit verbundenen gewaltigen Kosten und Unbequemlichkeiten zu tragen haben. Die Einsicht der Männer in das, was ihre vom Geist erfaßten Frauen im Schilde führen, ist signifikanterweise nicht auf die Somali beschränkt, bei denen ich gearbeitet habe, sondern scheint auch in den meisten anderen jener offiziell von Männern dominierten Kulturen vorhanden zu sein, in denen die gleiche weibliche Erpressungsmethode existiert.[35]

VI

Diese tiefergehenden Beispiele für anthropologische Dankesschuld werfen zwei miteinander zusammenhängende theoretische Probleme auf. Die erste und (außer in methodologischer Hinsicht) weniger signifikante Frage betrifft die Schlüsselfunktion des skeptischen Gewährsmanns, der einer gegebenen Situation partiell fernsteht oder an ihr unbeteiligt ist und sie daher leidenschaftsloser und – wie wir sagen würden – objektiver ins Auge fassen kann. Skepsis ist natürlich nicht unbedingt eine intellektuelle oder emotionale Ganztagsbeschäftigung. Oft ist sie nur eine Funktion der mangelnden Involviertheit des Individuums in bestimmte Umstände und damit Ausdruck von Gleichgültigkeit. Das umfassendere und interessantere Problem ist das Bestimmen, Definieren und adäquate Beschreiben dessen, was die Leute wirklich glauben. Wenn Glaubensvorstellungen, die scheinbar das eine besagen, nach allgemeinem Verständnis etwas anderes bedeuten: wie haben wir sie dann einzuschätzen? Wie haben wir Glaubensvorstellungen zu bewerten, die in der Regel nicht für bare Münze zu nehmen sind? Welche Beziehung waltet zwischen der offiziellen und der inoffiziellen Währung, zwischen dem Standardwechselkurs und dem Schwarzmarktkurs? Wo oder wann wird aus Glaube halber Glaube, aus halbem Glauben Pseudoglauben oder Unglaube? Evans-Pritchards Darlegungen zu den Glaubensvorstellungen der Zande bezüglich Hexerei und Magie mögen dazu dienen, mein Problem zu verdeutlichen. In einer Erörterung, die unbewußt an Freud erinnert, zeigt Evans-Pritchard, wie die Zande das Problem bewältigen, das für sie entsteht, wenn ihre mystischen Techniken versagen. Nehmen wir ein typisches Beispiel! Die Diagnose eines

Medizinmannes wird durch die nachfolgenden Entwicklungen falsifiziert. Die Zande kommen, sehr vernünftig, zu dem Schluß, der betreffende Doktor sei ein inkompetenter Quacksalber und sein Name müsse aus dem Verzeichnis der zugelassenen Ärzte gestrichen werden. Er taugt nichts, weil ihm offensichtlich die hinreichende Kenntnis der mystischen Techniken abgeht, die für ein erfolgreiches Wirken auf seinem Spezialgebiet notwendig sind. Der Mensch ist unvollkommen, nicht die Magie; und derartige vereinzelte Konfrontationen zwischen objektiver Realität und den ewigen Zandewahrheiten sind daher nicht von der Art, die wissenschaftliche Revolutionen einleitet. Individuelle Unzulänglichkeiten sind keine Gefahr für allgemeine Wahrheiten, die sozusagen mit doppelter Wucht zurückschnellen. All das ist durchaus bekannt, und Evans-Pritchard bringt es auf die prägnante Formel: Glaube, durch Skepsis gedämpft.

Aber das ist nicht das Problem, auf das ich hinauswollte. Meine Schwierigkeit betrifft genau die Umkehrung dieses Problems: Warum glauben die Menschen weiterhin an *individuelle Fälle* von (beispielsweise) Hexerei, wenn sie doch prinzipiell wissen, daß Hexerei nicht ganz das ist, was sie zu sein scheint? Wenn sich jedermann dessen bewußt ist, daß Hexerei in Wirklichkeit ein bequemes Etikett für die machtvollen Gezeiten von Eifersucht und Aggression ist, die aus dem Unbewußten emporsteigen, warum dann nicht das richtige Etikett gebrauchen? Viele Anthropologen geben auf diese Frage eine Antwort, die ich für voreingenommen, irreführend und den ethnographischen Tatsachen widersprechend halte.[36] Diese Erklärung behauptet, Hexerei fungiere als ein Surrogat für Neid und Groll in Kontexten, in denen das offene Eingeständnis dieser Emotionen undenkbar sei. Hexerei, so heißt es, verberge und mystifiziere den Haß. Aber wie um alles in der Welt kann sie dies leisten, wenn jedermann weiß, daß sie Haß ist? Sind die Zande und andere Völker mit vergleichbaren Glaubensvorstellungen so unaufgeklärt, daß sie sogar von den elementarsten Freudschen Prinzipien über das Verhältnis zwischen bewußter und unbewußter Folge keine Ahnung haben? Natürlich nicht. Aber vielleicht können wir nunmehr unsere Situation präziser beschreiben. Sie ist zweifellos analog der in der modernen Psychiatrie häufig anzutreffenden Situation, daß, angesichts der weiten Verbreitung der Freudschen Lehre und populärer psychodynamischer Begriffe unter Laien, viele Patienten nicht nur Einsicht in ihre eigenen Probleme haben, sondern auch im technischen Jargon genauso versiert sind wie ihre Therapeuten. Oder, um es etwas altertümlicher auszudrücken: Der Teufel weiß, wie er die Schrift zu seinem Vorteil zitiert. Die Behandlung solcher Fälle ist natürlich notorisch schwierig. Können wir also sagen, daß auch hier der Glaube durch Skepsis gedämpft wird? Oder sollte man besser sagen, daß die Skepsis durch den Glauben gedämpft wird? Wann gewinnt – um zu unserer Ausgangsfrage zurückzukommen – die Skepsis uneingeschränkt die Oberhand, über den Glauben; was glauben und fühlen die Menschen wirklich?

Dies bleibt unser ältestes und schwierigstes Problem. Das klassische Beispiel aus der modernen empiristischen Tradition ist natürlich Malinowskis »Entdeckung«, daß seine Trobriand-Insulaner anscheinend im Gnadenstand sexueller Unschuld lebten und rührenderweise glaubten, ihre Frauen würden von Geistern geschwängert. Jedenfalls war dies die offizielle Lehre in dieser matrilinearen Gesellschaft. Aber glaubten die Trobriand-Insulaner das wirklich, oder handelte es sich nur um ein Dogma, dem unter entsprechenden Umständen lediglich ein widerwilliger und skeptischer Lippendienst gezollt wurde? Die Schwierigkeit bei der Beantwortung von derartigen so gestellten Fragen, zeigt die weitreichende Kontroverse, die Edmund Leach auslöste, als er in seiner jüngsten Henry Myers Lecture über »Jungfrauengeburt« diesen ganzen Problemkreis in anregender Weise neu zur Diskussion stellte.[37] Weiteres Material dazu liefert die gleichzeitige Auseinandersetzung zwischen Evans-Pritchard und Raymond Firth[38], in der es um die Interpretation der von den Nuer, den Tikopia und anderen Völkern postulierten Beziehung zwischen Zwillingen und Vögeln geht. Dies sind außerdem noch recht spezifische Beispiele; sie bilden nur einen Teil der breiteren und noch nicht beendeten Debatte um die Struktur tribalen oder »primitiven« Denkens und illustrieren die zahlreichen Versuche einer Spezifizierung, Analyse und vergleichenden Gegenüberstellung von Kosmologien. Die ungeheure Popularität, deren sich die dunklen Auslassungen Lévi-Strauss' über Mythologie erfreuen, ist selbst schon ein ausgezeichneter Gradmesser für die Aktualität dieses Problems.

VII

Trotz so hingebungsvoller und gelehrter Bemühungen ist jedoch die Antwort auf unsere Frage »Was glauben die Menschen wirklich?« nach wie vor ausgesprochen problematisch.[39] Wir sind über die Ergebnisse Evans-Pritchards in seiner Studie über Zandehexerei noch kaum hinausgekommen. Wenn wir aber noch immer Schwierigkeiten haben, die Glaubensvorstellungen eines bestimmten Volks befriedigend darzulegen, wie können wir uns überhaupt je an vergleichende Studien über unterschiedliche Kosmologien heranwagen? Hier wird der Fortschritt durch unser Unvermögen gehemmt, in klarer Weise anzugeben, was wir eigentlich beabsichtigen. Wir suchen dauernd, vorschnell vom Konkreten und Besonderen zum Abstrakten und Allgemeinen zu springen. Wir sind bestrebt, ganze Philosophien oder »Weltauffassungen« von Völkern zu identifizieren und zu charakterisieren und Aussagen darüber zu machen, daß eine Kultur mehr oder weniger fromm (oder unfromm, oder mystisch, oder ritualistisch usw.) sei als eine andere. Derartige kosmologische Porträts sind oft genauso trügerisch und irreführend wie die des Nationalcharakters. Wir vergessen auch regelmäßig etwas, was wir, wie ich zu zeigen versucht habe, ehrlicherweise anerkennen müssen, wenn wir die wahren Quellen unserer Informationen unvoreingenommen betrachten: daß nämlich Glaube und Skepsis und die unterschiedlichen Grade des Vertrauens auf mystische oder nicht-mystische Trostgründe Funktionen von Situationen und Umständen sind. Ein vollständiges Inventar der in einer gegebenen Kultur vorhandenen explanatorischen Glaubensvorstellungen (mystischer und nicht-mystischer Art) ist daher so lange sinnlos, solange es nicht mit einer eingehenden Darlegung der tatsächlichen Verwendung dieser Vorstellungen in Situationen einhergeht, die hinreichend genau spezifiziert sind, um Vergleiche mit anderen Kulturen zu erlauben. Die Isolierung von Glaubensvorstellungen von den sie umgebenden Umständen führt zu groben Verzerrungen und Mißverständnissen. »Der Schützengraben kennt keine Atheisten.« Wie ferner jedermann weiß, aber wir Anthropologen nur allzu gern vergessen, ist das Fließen der Zeit eine weitere kritische Variable; sie beeinflußt die Erklärung ein und desselben Ereignisses (bei nachträglicher Bewertung) durch ein und dieselben Akteure, aber in verschiedenen Phasen des begleitenden sozialen Dramas. Charakterisierungen der Muster von Kausalerklärungen, die für eine Krankheit oder ein Unglück geboten werden, müssen deshalb die zeitliche Dimension spezifizieren, in der diese Erklärungen gelten sollen. Je nach ihrer zeitlichen Dauer können ja ein und dieselben Symptome auf ganz unterschiedliche Weise erklärt werden. Was dem vorübergehenden Auftreten einer Krankheit befriedigend Rechnung trägt, wird kaum dazu dienen, das Anhalten der Krankheit in ihrer chronischen Form zu erklären. Und so fort.

Diejenigen unter uns, die die vor uns liegende Aufgabe in ihrem ganzen Umfang ermessen, neigen begreiflicherweise dazu, vor ihr zurückzuschrecken, ja sogar die Hoffnung völlig aufzugeben, daß auf diesem Gebiet jemals gültige Kulturvergleiche zustande kommen könnten. Robustere Naturen kämpfen sich, unbeeindruckt von diesen Gefahren, tapfer vorwärts – freilich mitunter um den Preis, sich in den wolkigen Gefilden nicht nachvollziehbarer Grillen zu verlieren; siehe den Fall Mary Douglas.[40] Es ist mehr als deutlich, daß wir dringend eines unterscheidungsfähigeren und stringenteren analytischen Apparats bedürfen, um Fallgeschichten sammeln und kodifizieren zu können, in denen der tatsächliche selektive Gebrauch explanatorischer Prinzipien über längere Zeit unter klar spezifizierten und präzise beobachteten Bedingungen klar wird. Das ist zwar viel verlangt. Es gibt aber, wie ich meine, Anzeichen dafür, daß ein solcher Apparat schon bald für uns in greifbare Nähe rücken kann. Wer dies bezweifelt, möge eine jüngere Studie von Dr. Gilbert Lewis zur Hand nehmen.[41] Hier findet sich eine brillant eindringliche und bis ins kleinste gehende Schilderung darüber, wie das Volk der Gnu auf Neu-Guinea Krankheit erfaßt und auf Krankheit reagiert. Hier finden wir endlich Informationen von der Art und der Reichweite, wie sie unabdingbar sind, wenn wir zu gültigen vergleichenden Studien über das, was die Menschen wirklich denken und fühlen, gelangen wollten. Wenn andere Anthropologen diesem anspruchsvollen Beispiel folgen wollen, stünde uns bald ein Korpus an Materialien zu Gebote, in dem wir die relevanten Variablen kontrollieren und Gleiches mit Gleichem erfolgreich vergleichen könnten, um so die wirklichen kulturellen Varianten in der Reaktion auf Leid herauszufinden. Von hier aus könnten wir dann zu einer breiteren, auf objektiven Befunden basierenden vergleichenden Kosmologie vordringen, die nicht auf impressionistischen Zusammenfassungen oder »Kondensaten« beruhte, sondern auf stringent kontrollierten Punkt-für-Punkt-Vergleichen.

Besessenheitskulte im sozialen Kontext

I

Genau wie die Menschen, die sie studieren, verwenden die Anthropologen viel Mühe auf die Herausarbeitung jener Traditionen, durch welche Menschen überall ihre gegenwärtigen Interessen und Tätigkeiten mit Bezug auf eine mystisch geheiligte Vergangenheit zu rechtfertigen suchen. Es war Malinowski, der als einer der ersten die soziologischen Implikationen solcher »mythologischen Chartas«, wie er sie nannte, erforscht hat. Meine eigene »Charta« in diesem Kapitel wird nur kurz sein. Erstens habe ich wie auch einige meiner Kollegen den Eindruck, daß viele der gegenwärtigen Sackgassen in unserem Fach aus einem zu starren Festhalten an der theologischen Mystik einer Erhaltung des Status quo im Gefolge von Radcliffe-Brown (und seiner »strukturmarxistischen« Nachfolger) rühren. Ein möglicher Ausweg besteht darin, unseren Blick auf die Funktionsweise der sozialen Institutionen zu richten, eine Methode, die sich eher an Malinowski orientiert und in hohem Maße flexibel, vielseitig anwendbar und praktisch ist. Einen Funktionalismus dieser Art möchte ich hier vorstellen. Zweitens befasse ich mich mit Religion und dem Verhältnis der Geschlechter, Themen, die auch Malinowskis Aufmerksamkeit stark in Anspruch genommen und zur Entstehung einiger seiner hervorragendsten und bekanntesten Werke geführt haben. Geisterbesessenheit oder zumindest einige ihrer Aspekte, mit denen ich mich hier beschäftigen werde, umfaßt beide Gebiete. Ich möchte nur noch hinzufügen, daß ich mich nach der tendenziösen und fruchtlosen aktuellen Verwandtschaftsdebatte und der mechanischen, um nicht zu sagen wirklichkeitsfernen Metaphysik von Lévi-Strauss diesem Gegenstand mit einem deutlichen Gefühl der Erleichterung zuwende. Zumindest stehen die Phänomene, um die es hier geht, in einem erkennbaren Zusammenhang mit der empirischen Realität.

Es muß wohl kaum daran erinnert werden, daß die Geisterbesessenheit, die manchen als die Wurzel des Mystizismus gilt, ein weites Feld ist. Hierher gehören – innerhalb eines einzigen Bezugsrahmens – die Hausgeister einer großen Schar von weniger bekannten und anonymen Schamanen, aber auch so bekannte Gestalten wie der Heilige Geist und »Katie King«, die umstrittene Erscheinung, die von dem englischen Medium Florence Cook beschworen und von keinem geringeren als Sir William Crookes, Präsident der Royal Society von 1913 bis 1915, untersucht und bezeugt wurde. Wem dies abwegig erscheint, der sei daran erinnert, daß Katie Kings Aktivitäten von mehreren theologischen Autoren, nicht zuletzt von Reverend J. D. Pearce-Higgins, einem prominenten Mitglied der Churches' Fellowship for Psychical Studies, als weiterer Beweis für eine wissenschaftliche Begründung des christlichen Auferstehungsglaubens gewertet wurden (Pearce-Higgins, 1957, S. 38).

Zur Geisterbesessenheit zählen ferner so spektakuläre Praktiken wie die Derwischtänze, das Gehen auf glühenden Kohlen, Schwertschlucken und Transvestitentum, ganz zu schweigen von so geheimnisvollen Phänomenen wie dem »automatischen Schreiben«. Im Bereich der Ideen und Gefühle stoßen wir auf die widersprüchlichen Erscheinungen völlig neuartiger Eingebungen einerseits und bewahrender Hingabe andererseits, wie sie in kathartischen Erlebnissen zum Ausdruck kommen; auf aggressive messianische Kulte und etablierte Religionen, die auf der althergebrachten Verehrung eines höchsten geistigen Wesens beruhen.

Daher nimmt die Geisterbesessenheit in der vergleichenden Religionswissenschaft und Theologie ebensowie in der religiösen Phänomenologie, der Religionssoziologie und der Religionspsychologie eine zentrale Stellung ein. In Anbetracht dieses weiten Feldes muß ich mich hier mit einer groben Skizze meines Gegenstandes begnügen. Der umfangreichen Literatur zu diesem Thema kann ich nicht einmal annähernd gerecht werden.[1] Ich möchte jedoch versuchen, die Aufmerksamkeit auf bestimmte, bisher vernachlässigte Aspekte dieses Problemkreises zu lenken, ohne die sich dessen soziologische Bedeutung kaum zureichend ermessen läßt. Sie betreffen das, was man in der medizinischen Fachsprache die Epidemiologie der Besessenheit nennen würde, womit ich in diesem Zusammenhang eine Untersuchung jener Personengruppen meine, die in unterschiedlichen Gesellschaften für Besessenheitszustände besonders anfällig sind. Wie ich zeigen möchte, ist dieser Ansatz soziologisch sehr erhellend und zugleich völlig neuartig, so merkwürdig dies auch klingen mag. Schon ein oberflächlicher Blick auf die Literatur zeigt, daß die meisten Autoren zu diesem Thema von den hochdramatischen Aspekten der Besessenheit fasziniert, von den seltsamen und exotischen Übungen der Schamanen gefangengenommen wurden und sich in Diskussionen über die Echtheit oder Gespieltheit von Trancezuständen verloren haben. Kurzum, ihr Hauptinteresse an der Geisterbesessenheit beschränkte sich auf deren »expressive« Seite, um einen Begriff aus einer der Malinowski Lectures zu gebrauchen (Beattie, 1966).

Die bisherigen soziologischen Analysen konzentrierten sich hauptsächlich auf die soziale Rolle und den Status der chronisch Besessenen, d. h. auf die Frage, ob man in ihnen Medien, Schamanen oder Propheten sehen sollte. In Mircea Eliades Buch *Schamanismus und archaische Ekstasetechnik*, das noch immer zu den Standardwerken über dieses Thema zählt, kommt diese Auffassung besonders deutlich zum Ausdruck. Dort heißt es über das eigentliche Interesse des Soziologen an der Geisterbesessenheit:

»Der Soziologe beschäftigt sich vor allem mit der sozialen Funktion des Schamanen, Priesters, Zauberers: er wird auch den Ursprung der magischen Fähigkeiten zum Gegenstand nehmen, ihre Rolle in der Gliederung der Gesellschaft, das Verhältnis zwischen religiösen und politischen Oberhäuptern und dergleichen.« (Eliade, 1951, S. 2).

Eliade selbst interessiert sich in erster Linie für die metaphysischen Implikationen des Schamanismus als einer Technik der Ekstase, in deren Verlauf der Schamane symbolische Himmelsreisen und Höllenfahrten macht. »In Wirklichkeit« ist das alles mit der Verehrung eines höchsten himmlischen Wesens verknüpft. Daher ist für Eliade die Geisterbesessenheit kein wesentliches oder unabdingbares Element, sondern für die ekstatischen mystischen Reisen des Schamanen und seine Gemeinschaft mit höchsten himmlischen Wesen nebensächlich.

Diese Folgerung erscheint mir höchst fragwürdig. Aber wie immer man darüber denken mag, Eliades soziologischer Ansatz entspricht weitgehend dem, was Sozialanthropologen und andere bisher über Geisterbesessenheit geschrieben haben. Diese einseitige Konzentration des Interesses auf die sozialen Rollen, die nur von denen übernommen werden, die aufgrund regelmäßig wiederkehrender Besessenheitszustände und dramatischer Rituale als Medien oder Schamanen fungieren, steht in auffälligem Kontrast zur anthropologischen Literatur, wo der Akzent allgemein auf Magie, Hexerei und Zauberei gelegt wird. Hier wurde der Trend durch die bahnbrechenden Werke von Evans-Pritchard (1937), Kluckhohn (1944) und Marwick (1952) bestimmt, die hauptsächlich bestrebt waren, die sozialen Bedingungen eingehend zu untersuchen, unter denen Eifersucht, Feindseligkeit und Frustration unter Rivalen und Rivalinnen in Beschuldigungen wegen Hexerei und Zauberei umschlagen. Hier werden die rituellen und magischen Handlungen der Hexer und Zauberer zwar ebenfalls gebührend gewürdigt, aber sie stehen doch nicht so sehr im Vordergrund, daß sie die ausschlaggebenden sozialen Spannungen zurückdrängen, die in jeder befriedigenden epidemiologischen Erklärung eine wichtige Rolle spielen müssen und dennoch in den meisten Studien über Geisterbesessenheit so sehr vernachlässigt worden sind.

Dieser auffällige Unterschied in der analytischen Akzentsetzung erklärt sich ohne Zweifel zum Teil aus den dramatischen Aspekten der Geisterbesessenheit, die das Hauptaugenmerk des Forschers auf sich ziehen und ihn von einer genaueren Untersuchung der von den Geistern als Medien besonders bevorzugten Personengruppen abhalten. Im Grunde scheinen viele Anthropologen trotz ihrer skeptischen Einstellung zu Zauberei und Magie an Geisterbesessenheit oder zumindest an einige der Kräfte zu glauben, die den Geisterbesessenen nachgesagt werden.[2] So erschöpft sich, wie gesagt, die Literatur zu einem Großteil in Erörterungen über die psychologische Einordnung von Trancezuständen und das Ausmaß, in dem schamanische Heilungszeremonien tatsächlich einen therapeutischen Wert besitzen. Selbst Atheisten glauben häufig an übersinnliche Wahrnehmung. Die neuere anthropologische Literatur über Hexerei teilt diesen Glauben nicht; für sie ist das alles Täuschung und Einbildung.

Solche Überlegungen können vermutlich diese deutlich unterschiedliche Wahl der Schwerpunkte der entsprechenden anthropologischen Studien weitgehend erklären. Mir geht es jedenfalls im folgenden um den Nachweis, daß dieser soziologische Ansatz, der sich inzwischen in der Analyse der Hexerei und Zauberei durchgesetzt hat, genauso erhellend sein kann, wenn er auf das Phänomen der Geisterbesessenheit angewandt wird. Außerdem hat er den Vorteil, daß das, was allzu oft als esoterische Kuriosität angesehen wurde, mitten in den umfassenderen Bereich soziologischer Forschung über mystische Phänomene und Religion ganz allgemein gestellt wird.

II

Ich sagte bereits, daß der Frage nach den Personengruppen, die für Besessenheitszustände am anfälligsten sind und in Besessenheitskulten eine führende Rolle spielen, nur sehr wenig Aufmerksamkeit beigemessen wurde. Dennoch ist die Literatur überreich an Hinweisen auf den hohen Anteil der Frauen in solchen Kulten; und es gab einige explizite Versuche, diese besondere Vorliebe der Geister für Frauen zu erklären oder zumindest näher zu erläutern. So hat etwa W. G. Ivens festgestellt, daß die Frauen bei den Melanesiern der südöstlichen Salomo-Inseln zwar strikt von den »größeren« religiösen Zeremonien ausgeschlossen sind, dafür jedoch an der Opferung der ersten Früchte teilnehmen und bei anderen Gelegenheiten von Geistern besessen werden. In diesem Zustand können sie den Kranken wahrsagen und sich für sie einsetzen (Ivens, 1927, S. 472). Ähnlich beschreibt Hogbin, wie in Polynesien häufig Frauen als Mittlerinnen zu Rate gezogen werden, wenn es sich um Krankheiten handelt, die einer Besessenheit durch die Geister der Ahnen zugeschrieben werden, wobei sowohl die matrilinearen als auch die patrilinearen Ahnen ihre Macht ausüben (Hogbin 1934, S. 144 ff.). Noch ausführlicher und detaillierter zeigt Fortune, wie bei den Manu Neuguineas die Frauen im patrilinearen »Sir Ghost-Kult« zwar spirituell entrechtet sind, in den *tandritanitani*-Kulten jedoch nicht (Fortune, 1935, S. 59). Diese Aussage bezieht sich auf die mystische Kraft des Verfluchens und Segnens, auf die Fähigkeit, das Geschlecht der ungeborenen Kinder zu bestimmen und auf die Familienplanung, die allesamt in die matrilineare Domäne fallen. Während zudem der moralisch bedeutsame patrilineare Geisterkult von den Männern beherrscht wird, sind es die Frauen, die die männlichen Wahrsager einsegnen und als Medien auftreten. In diesem Fall besteht ein kompliziertes Wechselspiel von männlichen und weiblichen Rollen, das bis zu einem gewissen Grad der Eigenart des Abstammungssystems der Manu entspricht, auf das wir hier jedoch nicht näher eingehen können.

Auch A. H. A. Elliott bemerkt in seiner ausführlichen Studie über chinesische Besessenheitskulte in Singapur, daß hier wie bei den Manu die Frauen als die wichtigsten Mittlerinnen bei der Beschwörung der Seelen von Verstorbenen gelten, wenn auch nicht unbedingt bei den allgemeineren Praktiken der Geisterbeschwörung. Aber obwohl es bei diesem umfassenderen Kult nicht nur die Frauen sind, die als Medien fungieren, stellen sie doch den größten Teil der Anhängerschaft (Elliott, 1955, S. 71 und 134 ff.). White hat bei den Luvale im westlichen Sambia beobachtet, daß dort vor allem Frauen Krankheiten zum Opfer fallen, die der Besessenheit durch die Geister der matrilinearen Ahnen zugeschrieben werden (White, 1961, S. 48 ff.).[3]

Auch in der ausgezeichneten Lebensbeschreibung der Baba von Karo, einer alten Hausafrau, hat der auffallend hohe Anteil der Frauen unter den Anhängern des *bori*-Kults Mary Smith zu der Aussage veranlaßt, daß in einer von Männern dominierten islamischen Gesellschaft die »Unmöglichkeit der Hausafrauen, am zeremoniellen und öffentlichen Leben im Islam gebührend teilnehmen zu können, eine Lücke freiläßt, die vom Besessenheitskult ausgefüllt wird« (Smith, 1954, S. 271).

Derartige Beobachtungen zahlreicher Autoren ließen sich noch weiter anführen; sie alle belegen ein bestimmtes Deutungsmuster, demzufolge die herausragende Rolle der Frauen in Besessenheitskulten eine Kompensation für ihre fehlende Anerkennung und ihren Ausschluß aus anderen Bereichen darstellt. Ein ähnliches geschlechtsspezifisches Element offenbart sich in der Bildersprache und den rituellen Handlungen der Besessenheitszeremonien. Ob es nun Männer oder Frauen sind, die einer Besessenheit zum Opfer fallen – selbstverständlich behaupte ich nicht, daß ausschließlich Frauen davon betroffen sind –, so ist der eingedrungene Geist häufig von anderem Geschlecht als der Wirt. Wenn es so oft vorkommt, daß Männer von weiblichen und Frauen von männlichen Geistern besessen werden, dann überrascht es kaum, daß eine solche Beziehung zwischen Medium und Geist in der Regel als eheliches Verhältnis ausgedrückt wird. In zahlreichen Besessenheitskulten findet die endgültige Einführung in den Kreis der chronisch Besessenen tatsächlich durch Hochzeitszeremonien und -geschenke statt, die mit dem Zeremoniell irdischer Eheschließungen vergleichbar sind. Im äthiopischen *sar*-Kult spricht man von einer neuen Anhängerin als einer »Braut« und weist ihr zwei männliche Beschützer oder »Trauzeugen« zu. Diese können bei einer gewöhnlichen Hochzeit dem Ehemann bei der Entjungferung der Braut zur Seite stehen und diese später bei allen Meinungsverschiedenheiten mit ihrem Ehemann unterstützen (Messing, 1959, S. 327). Ähnlich verhält es sich, wenn ein Medium in ekstatischer Trance heftige Körperbewegungen vollführt, was gewöhnlich so erklärt wird, daß die besessene Frau mit ihrem Dämon geschlechtlich verkehrt.

Das Hochzeitsthema ist uns natürlich auch aus der religiösen Tradition der römisch-katholischen Kirche vertraut, wo die Nonne durch ein unwiderrufliches Gelübde eine geistige Verbindung mit dem himmlischen Bräutigam Jesus Christus eingeht. Auch in der ganz andersartigen, aber ebenso verbreiteten Gossensprache, in der das Medium eine »Stute« ist, die von ihrem Geist geritten wird, zeigt sich diese Paar-Metaphorik. Dasselbe gilt für die zeremonielle Geschlechtsumwandlung, die mit zahlreichen Besessenheitskulten verbunden ist und von einigen früheren Forschern, insbesondere von Leo Sternberg (1924) für ein wesentliches und letztlich entscheidendes Merkmal des gesamten Phänomens gehalten wurde.

III

Ich bin jedoch der Meinung, daß wir die sozialen Implikationen der Geisterbesessenheit wesentlich besser verstehen können, wenn wir uns für den epidemiologischen Ansatz entscheiden. Im Stil Malinowskis möchte ich eine kurze Erläuterung meines eigenen Feldmaterials in Somalia vorwegschicken.[4] Die nomadisierenden Hirten in Somalia im Nordosten Afrikas sind ein patrilineares, muslimisches Volk. Hexerei und Magie, wie diese Phänomene normalerweise bezeichnet werden, spielen für die Somalis als Erklärung für Krankheiten und andere Mißgeschicke keine besondere Rolle. Im Zentrum des religiösen Lebens steht die Verehrung Allahs, an den sie sich mit der Vermittlung des

Propheten Mohammed und einer Schar seiner unmittelbaren Nachfahren wenden, oder anderer – tatsächlich oder angeblich – frommer Männer, die genau wie die Heiligen im römischen Katholizismus eine wesentliche Rolle als Vermittler zwischen Gott und dem Menschen spielen. Dieser öffentliche Kult wird fast ausschließlich von Männern beherrscht, die alle wichtigen mit religiöser Macht und religiösem Ansehen verbundenen Ämter bekleiden. Den Frauen kommt in dieser Religion lediglich eine passive Rolle zu, und wie in vielen anderen islamischen Ländern ist ihnen der Zutritt zur Moschee verwehrt. Ganz allgemein gelten sie als schwache, unterwürfige Geschöpfe, trotz der harten Anforderungen, die das Nomadenleben an sie stellt, vor allem das anstrengende Hüten der Schaf- und Ziegenherden sowie der Lastkamele, die ihre Zelte und sonstigen Habseligkeiten transportieren. Die Milchkamele dagegen sind Männersache; und sind die Frauen schon beim Erben von Eigentum benachteiligt, so ist ihnen der Besitz von Kamelen ganz verwehrt, die das Gemeinschaftseigentum einer Gruppe darstellen und als Rechnungseinheit, in der Reichtum gemessen wird, gelten.

In dieser von Männern beherrschten und überaus sittenstrengen Kultur tritt Geisterbesessenheit, die als eine von mehreren Ursachen einer ganzen Reihe von Krankheiten und Gebrechen betrachtet wird (die vom leichten Unwohlsein bis zu einer akuten organischen Erkrankung reichen können), in vier ziemlich genau voneinander abgegrenzten Zusammenhängen auf. Der erste betrifft Fälle einer enttäuschten Liebe oder Leidenschaft, wobei insbesondere auf Seiten der Männer Gefühle mitspielen, die traditionell nicht anerkannt oder offen eingestanden werden. Wenn ein Mädchen von einem jungen Mann, den sie liebt und der ihr heimlich die Ehe versprochen hatte, sitzengelassen wurde und Zeichen von äußerster Mattigkeit, Verschlossenheit oder noch deutlichere Krankheitssymptome an den Tag legt, dann wird ihr Zustand damit erklärt, daß sie von dem Gegenstand ihrer Liebe besessen ist. Wie in allen anderen Fällen in Somalia wird diese Form der Besessenheit ganz allgemein mit einem Begriff bezeichnet, der wörtlich übersetzt »Hineinfahren« bedeutet.

Diese Interpretation des Zustands des enttäuschten Mädchens entspricht der traditionellen Sexualmoral, die, wie ich bereits erwähnt habe, den Begriff der romantischen Liebe nicht kennt. Erst in der letzten Generation hat sich diese starre Einstellung offenbar zu ändern begonnen. Die romantische Liebe wird heute offen anerkannt und ist zu einem gängigen Thema in der Dichtung und den populären Liedern Somalias geworden. Die jungen, westlich erzogenen Somali als Vertreter dieser aufgeklärten Haltung beschreiben solche Fälle als eine Art Liebeskummer. Die traditionelle Auffassung deckt sich dagegen weit mehr mit der Denkweise jener katholischen Geistlichen im Frankreich des 17. Jahrhunderts, welche die hysterische Mutter Johanna von den Engeln, die Priorin der Klosterschule von Loudun behandelten, die in unerwiderter Leidenschaft zu dem berüchtigten Kanonikus Urbain Grandier entbrannt war. Wer Aldous Huxleys mitreißende Schilderung in seinem Roman *Die Teufel von Loudun* (1952) gelesen hat, wird sich erinnern, daß der Zustand dieser unglücklichen Nonne einer Besessenheit von bösen Geistern zugeschrieben und daß Grandier dafür verantwortlich gemacht wurde. Man hat ihn 1634 wegen Hexerei verurteilt und auf dem Scheiterhaufen verbrannt.

In Somalia geht man bei diesen Angelegenheiten weniger hart vor, und der Mann, der die Ursache des Übels ist, kann dafür nicht zur Rechenschaft gezogen werden. Aber nicht immer sind hierbei die Männer die Urheber und die Frauen das Opfer. Bei einem jungen Mann, der durch den vorrangigen Anspruch seines älteren Verwandten genötigt wird, das Mädchen seiner Wahl aufzugeben und ein anderes zu heiraten, können ähnliche Symptome einer Unpäßlichkeit oder Krankheit ebenfalls so gedeutet werden, daß er vom wahren Gegenstand seiner Liebe besessen ist.

Meine eigene Interpretation deckt sich praktisch mit der Deutung der gebildeten jungen Somalis. Im Fall des treulos verlassenen Mädchens steht keine andere institutionalisierte Möglichkeit zur Verfügung, um ihren verletzten Gefühlen Ausdruck zu verleihen. Denn eine Klage wegen Bruchs des Heiratsversprechens ist nur möglich, wenn vorher eine formale Verlobung mit dem Einverständnis beider Familien geschlossen wurde. Die persönlichen Leidenschaften und Gefühle der Frau spielen in einer von Männern beherrschten Rechtssphäre kaum eine Rolle. Die Krankheit und die damit verbundene Pflege und Fürsorge spenden ihr einen gewissen Trost. Ähnlich verhält es sich mit dem enttäuschten jungen Mann, der aus seiner Traurigkeit eine Krankheit macht – für die er nach somalischem Verständnis nicht verantwortlich ist – und damit die Möglichkeit hat, sein Unglück zur Schau zu stellen, ohne dabei die tabuisierte und völlig unmännliche emotionale Zuneigung eines Mannes zu einer Frau offen einzugestehen.[5]

Das sind zwei Beispiele, bei denen der Besessenheit einer Person von einem andersgeschlechtlichen Wesen eine erzwungene Entsagung zugrunde liegt, ohne daß sonstige rechtliche und gesellschaftlich anerkannte Mittel verfügbar wären, um eine Wiedergutmachung zu erlangen. Diese Art der direkten Besessenheit einer Person von einer anderen weist große Ähnlichkeiten mit der bösen Macht des »bösen Blickes« auf, den man verwirrten, verwahrlosten alten Frauen, Bettlern und generell allen armen Leuten nachsagt. Zur Behandlung der besessenen Kranken in diesen Fällen möchte ich hier lediglich bemerken, daß der eingedrungene Geist – wie bei Schwester Johanna von den Engeln – von einem Geistlichen exorziert wird[6], in Somalia von einem strenggläubigen Moslem.[7]

In den drei anderen Bereichen der Geisterbesessenheit in Somalia, auf die ich jetzt zu sprechen komme, wird die Krankheit – mit gleichen, tatsächlichen oder eingebildeten, Symptomen, die von schwacher Hysterie oder Depression bis hin zu einer organischen Schädigung reichen – nicht dem »Hineinfahren« einer Person, sondern eines Dämons zugeschrieben. Damit meine ich jene menschenähnlichen *Dschinnen*, von denen man in Somalia wie auch in anderen islamischen Ländern glaubt, daß sie in jedem dunklen und verlassenen Winkel lauern, um sich plötzlich und ohne Warnung auf arglos Vorübergehende zu stürzen. Es heißt, diese bösen Geister verzehrten sich vor Neid und Habgier und seien besonders versessen auf Luxuskleidung, Schmuck, Parfüm und delikate Speisen. Sie sind zumeist als *sar* (äthiopisch *zar*) bekannt; eine Bezeichnung, die sowohl für die Geister selbst als auch für die von ihnen hervorgerufenen Symptome verwendet wird, während man vom betroffenen Opfer sagt, es sei vom *sar* »befallen« oder »besessen« oder ein *sar* sei in es »hineingefahren«.

Diese Geister werden auch für die hysterischen Anfälle verantwortlich gemacht, zu denen junge Kamelhirten manchmal neigen. Damit verhält es sich folgendermaßen: Die Kamele werden wie schon gesagt von den Männern gehütet, genauer von Knaben und unverheirateten jungen

Männern. Getrennt von den Schaf- und Ziegenherden, die zu den Nomadenlagern gehören, in denen die Frauen, Kinder und verheirateten Männer leben, bilden die Kamele unter der Obhut der jungen Männer eine Herde für sich. Die Schaf- und Ziegenherden bewegen sich auf einem sehr viel kleineren Raum als die frei gehaltenen Kamele, die auch während der größten Dürreperioden bis zu 20 Tage ohne Wasser auskommen und daher weitab von einer permanenten Quelle weiden können. Die Kamele und ihre jungen Hüter führen also ein eigenes, abgeschiedenes Leben und halten sich oft mehrere Hundert Kilometer von ihrem Heimatlager und den Frauen entfernt auf. Während der Trockenzeit ziehen die Hirten stets denselben eintönigen Weg zwischen Wasserstelle und Weide hin und her; der Rhythmus richtet sich ausschließlich nach dem Wasserbedarf ihrer Kamele. In dieser Zeit ist ihr Los in jeder Hinsicht besonders hart und entbehrungsreich. In ständiger Furcht vor feindlichen Angreifern und Raubtieren, häufig knapp an Nahrungsmitteln und Wasser, fehlt ihnen zudem jede Möglichkeit, die Mädchen aus dem Zeltlager zu treffen und mit ihnen zu schwatzen. Da sie keinerlei Kochmöglichkeiten haben, besteht ihre Nahrung hauptsächlich aus der Milch der ihnen anvertrauten Kamele; nicht selten sind sie ebenso ausgehungert und erschöpft wie ihre Tiere.

In der Regenzeit, wenn die Kamele ebenso regelmäßig zur Tränke geführt werden können wie die Schafe und Ziegen, ändert sich das trostlose Bild mit einem Schlag: Die beiden Viehherden bewegen sich jetzt näher beieinander, und die jungen Kamelhirten kommen aus der entbehrungsreichen Abgeschiedenheit, in der sie die Trockenzeit verbracht haben, zurück zu den Annehmlichkeiten und Lockungen des Lagerlebens. Bei der Rückkehr in diese andere Welt, die sie mit offenen Armen aufnimmt und ihnen die Möglichkeit verheißt, ein Mädchen im heiratsfähigen Alter kennenzulernen, kommt es gelegentlich vor, daß die jungen Hirten hysterische Symptome zeigen. Diese werden einer Besessenheit durch *sar*-Geister zugeschrieben und als eine leichte, normalerweise vorübergehende Form von Verrücktheit gehalten, die man nicht sehr ernst nimmt. Das Heilmittel besteht in der Inszenierung eines Tanzes mit der Bezeichnung »den *sar* schlagen«, bei dem die Teilnahme der Mädchen eine ganz wesentliche Rolle spielt, damit die besessenen jungen Männer »wieder zu Verstand kommen«. Als Begleitung singen die angehenden Männer Lieder, die oft sexuelle Anspielungen enthalten, und zumindest im modernen Slang der Stadt ist der Ausdruck »den *sar* schlagen« ein Synonym für Geschlechtsverkehr. In der traditionsgebundenen Welt der Hirten jedoch müssen sich die jungen Männer mit Abreagieren und Sublimieren begnügen. Bei dieser Gelegenheit sind Annäherungsversuche nicht erlaubt, denn über die Jungfräulichkeit der Mädchen wird bis zu deren Heirat streng gewacht. Heute scheint sich die Lage allerdings selbst im Landesinnern zu ändern. Diese Form der »Besessenheit«, so erfuhr ich, wird heutzutage oft von den jungen Männern vorgetäuscht und als Mittel benutzt, ihre Zuneigung für ein bestimmtes Mädchen zu signalisieren, das auf diese Weise in den Tanzkreis gezogen wird. Hier geht es mir jedoch vor allem um die Entbehrungen und Frustrationen im Leben der unverheirateten jungen Hirten und deren traditionelles Ventil in dieser institutionalisierten Form der Besessenheit.[8]

Damit kommen wir zum dritten Bereich der Besessenheit in Somalia, wo wir einem Phänomen begegnen, das nach meiner Überzeugung auch in anderen Ländern vorkommt und deshalb die größte Bedeutung hat. Das Opfer des bösen *sar*-Geistes ist in diesem Fall normalerweise eine Frau, genauer gesagt eine Ehefrau. Die typische epidemiologische Situation ist die einer unter starkem Druck stehenden Ehefrau, die in dieser kargen Umgebung um das eigene Überleben und das ihrer Kinder kämpfen muß und unter einer gewissen – tatsächlichen oder eingebildeten – Vernachlässigung seitens ihres Ehemannes leidet. Das Los einer verheirateten Somali-Frau bietet wenig Beständigkeit und Sicherheit, da sie häufig genug die plötzliche und lange Abwesenheit ihres Ehemannes, der seinen männlichen Hirtenpflichten nachgeht, ertragen muß. Außerdem sieht sie sich Eifersuchtsgefühlen und Spannungen in der Polygynie ausgesetzt, die hier freilich nicht zu Beschuldigungen der Zauberei oder Hexerei führen, wohl aber fortwährend ihre ohnehin unsichere Ehe in einer Gesellschaft bedrohen, in der Scheidungen nicht selten sind und von den Männern sehr leicht durchgesetzt werden können. Daher überrascht es auch nicht, wenn die Leiden vieler Frauen, ob nun von deutlichen Körpersymptomen begleitet oder nicht, von ihnen gern als Besessenheit von *sar*-Geistern ausgelegt werden, die von ihren Männern kostbare Kleider, Parfüm und

Leckereien verlangen. Erst wenn diese kostspieligen Forderungen erfüllt und auch alle anderen Kosten, die mit der Veranstaltung des von einer erfahrenen Schamanin geleiteten therapeutischen Tanzes »den *sar* schlagen« von den Männern beglichen wurden, besteht Aussicht auf ein Verschwinden der Symptome. Aber selbst dann kann das Leiden jederzeit wieder auftreten.

Ohne das gesamte von mir erhobene Material im einzelnen anzuführen, möchte ich lediglich bemerken, daß in mehreren Fällen dieser Besessenheitsausbruch mit den Absichten des Ehemanns zusammenfiel, eine weitere Frau zu heiraten, und daß in allen mir bekannten Beispielen die betroffenen Frauen irgendeinen Groll gegen ihre Ehemänner hegten. Es bedarf wohl kaum der hochentwickelten forensischen Methoden der modernen Anthropologie, um herauszufinden, um was es hier eigentlich geht. Und auch die somalischen Männer ziehen ganz richtig ihre eigenen Schlußfolgerungen. Was von den Frauen als Besessenheit von *sar*-Geistern ausgegeben wird, das deuten ihre Männer als Simulierung und als eine weitere weibliche List gegen die Männer. Die Männer begründen diesen Vorwurf damit, daß die Krankheit viel häufiger bei Frauen aus reichen Verhältnissen vorkommt. Dieser Unterstellung begegnen die Frauen wiederum mit der Spitzfindigkeit, manche *sar*-Geister befielen nur die reichen und andere eben nur die armen Ehefrauen. Trotz ihrer soziologischen Sicht des Problems befinden sich die Somali-Männer im Zwiespalt: Sie glauben zwar an die Existenz solcher *sar*-Geister, werden aber ihrem echt somalischen Pragmatismus entsprechend skeptisch, sobald es um ihre eigenen Frauen und den eigenen Geldbeutel geht.

Je nach den ehelichen Verhältnissen und dem Wert, der der befallenen Frau zugemessen wird, ist der Ehemann normalerweise bereit, einen oder zwei solcher Anfälle – wenn auch widerstrebend – hinzunehmen. Sollten sich diese Anfälle allerdings zu einem chronischen Leiden entwickeln, und die Frau ein mehr oder weniger festes Mitglied einer Gemeinschaft von *sar*-Anhängern werden, dann ist die Geduld des Ehemanns schnell erschöpft, sofern nicht außergewöhnliche Umstände vorliegen. Hilft eine ordentliche Tracht Prügel nichts, dann bleibt immer noch die Drohung mit der Scheidung; und sofern die Frau nicht selbst die Scheidung wünscht (was ihr möglich ist) oder nicht tatsächlich psychisch krank und nicht in der Lage ist, ihre Symptome zu kontrollieren, scheint diese Drohung zu wirken.

Ohne auf die weiteren Implikationen einer Mitgliedschaft in einer formellen Gemeinschaft von Anhängern des *sar*-Kults einzugehen, möchte ich hier vor allem betonen, daß im allgemeinen dieses für Frauen typische Leiden bei den Somali als begrenztes Abschreckungsmittel gegen übertriebene Vernachlässigung und Benachteiligung in einem Eheverhältnis dient, in dem der Ehemann bei weitem die größeren Rechte hat. In einer Gesellschaft, die den Frauen einerseits wenig häusliche Sicherheit bietet und sie außerdem nur unzureichend vor dem Druck und den Forderungen der Männer schützt, können diese in der Geisterbesessenheit eine Zuflucht suchen, um einerseits ihrem Kummer – wenn auch verdeckt – Ausdruck zu geben und andererseits Genugtuung zu finden. Eine solche Betrachtungsweise stellt die Geisterbesessenheit unmittelbar auf eine Stufe mit anderen Formen einer mystischen Vergeltung, etwa Hexerei und Zauberei, wie sie in Gesellschaften mit anderen kulturellen Traditionen und Kosmologien angewandt werden.

Das klingt vielleicht weit hergeholt. Betrachtet man jedoch den gesellschaftlichen Zusammenhang, dann erscheint mir dieser Vergleich durchaus gerechtfertigt, um so mehr angesichts der Tatsache, daß in vielen Gesellschaften die Hexen ihr finsteres Treiben der Mitwirkung von Hilfsgeistern verdanken. Somit besteht in vielen Fällen nicht nur eine funktionale, sondern auch eine soziologische Parallele zwischen den Auswirkungen der Geisterbesessenheit und denen der Hexerei. Natürlich ist mir nicht entgangen, daß im Falle Somalias nicht der schuldige Ehemann, sondern die gekränkte Ehefrau mystisch befallen ist. Aber wie ich zeigen möchte, ist der Unterschied zwischen einem verdeckten Gebrauch mystischer Macht mit einem letztlich selbst zugefügten Leiden und dem offeneren Angriff bei Hexerei und Magie weniger gravierend als man zunächst annehmen könnte.

Zuvor möchte ich jedoch noch kurz auf den letzten Bereich der Besessenheit in Somalia eingehen. Dieser betrifft hauptsächlich erwachsene Männer, und zwar weniger eine genau definierte soziale Gruppe, sondern vielmehr psychisch gestörte Einzelpersonen, die aus unterschiedlichen Gründen besondere Schwierigkeiten haben, den Druck und die Belastungen in ihrer Gesellschaft auszuhalten. Da die

Männer dem starken Geschlecht zugerechnet werden und infolgedessen als weniger verwundbar gelten als die Frauen, werden die Geister, von denen diese Unglücklichen besessen sind, für besonders gefährlich gehalten. Und da es wiederum die Männer sind, die in der islamischen Religion eine dominante Stellung einnehmen, ist es nur folgerichtig, daß die hier wirksamen Mächte nicht nur als lebensbedrohend, sondern auch als religiös besonders bedeutsam angesehen werden. Sie sind tatsächlich das spirituelle Analogon menschlicher islamischer Geister, weshalb ich sie als »Klerikalgeister« bezeichne. Ich möchte sogleich hinzufügen, daß diese Klerikalgeister keine Besonderheit der Somali sind, sondern ganz im Gegenteil zu einer Kategorie von Geistern gehören, die auch in anderen islamischen Ländern bekannt sind und deren Existenz überdies auch im Koran belegt ist.[9]

Alle vier genannten Bereiche der Geisterbesessenheit in Somalia haben das Thema der Einschränkung und Enttäuschung gemeinsam, das in jedem Zusammenhang auf andere Weise erscheint. Das wird vielleicht am deutlichsten im Fall der gekränkten Ehefrauen, wo die Geister – um einen geläufigen Ausdruck zu verwenden – in den »Geschlechterkampf« eingreifen. Nun ist der *sar*-Kultkomplex in dieser Variante nicht auf Somalia beschränkt. Er existiert auch in Äthiopien, wo der Kult besonders hoch entwickelt ist, und wo anscheinend auch sein Ursprung liegt (Cerulli, 1923, S. 2). Von dort aus hat er sich nicht nur nach Somalia, sondern auch zum nördlichen Sudan, nach Ägypten und sogar bis zur heiligen Stadt Mekka ausgebreitet (Hurgronje, 1931).

Michel Leiris, der brillante französische surrealistische Dichter und Ethnograph, hat die psychologischen und dramatischen Aspekte des Kults in Äthiopien sehr einfühlsam geschildert und analysiert (1958). Der amerikanische Anthropologe Simon Messing (1958 und 1959) hat die gesellschaftliche Bedeutung des Kultes in Äthiopien deutlicher sichtbar gemacht. Messing beschreibt, wie Ehefrauen den Kult nach Somali-Art benutzten, um ihren Männern wirtschaftliche Opfer abzuringen, und mit einem Rückfall drohten, wenn ihre Forderungen nicht erfüllt wurden. Ähnlich scheint es auch in Ägypten zu sein. In Kairo, wo der Kult vorwiegend gepflegt wird, hat sich ein Geschäft auf den Verkauf der passenden Gewänder und anderer Insignien spezialisiert, die von den Frauen als »Bräute« der Geister bei *zar*-Zeremonien getragen werden (Kriss und Kriss-Heinrich, 1962). In den Vorstädten von Khartum ist der Zusammenhang noch offensichtlicher: In einem neueren Bericht heißt es, daß die *zar*-Geister, von denen die Frauen besessen sind, nicht nur Geschenke fordern, zu denen in einem Fall auch Goldzähne gehörten, sondern ihren Ehemännern auf eine unverblümte Art und Weise Vorwürfe machen, die unter anderen Umständen nicht hingenommen würde (Barclay, 1964, S. 198; vgl. a. Constantinides, 1977).

IV

Diese Aspekte des »Geschlechterkampfs« beschränken sich keineswegs auf den *zar*-Komplex, sondern treten sehr oft in der Geisterbesessenheit ganz unterschiedlicher Gesellschaften auf. Ohne eingehendes Literaturstudium beschränke ich mich auf einige verstreute Beispiele. Eine der ersten und besten Beschreibungen in der afrikanischen Ethnographie findet sich in Lindbloms Studie über die Kamba in Ostafrika (Lindblom, 1920, S. 229–240). Dort wird deutlich unterschieden zwischen den Ahnengeistern, welche die Moral stärken und die jeweiligen Interessen ihrer Nachkommen repräsentieren, und den übrigen, unberechenbaren Geistern. Letztere sind typisch für die benachbarten Stämme, die Massai, Galla und Nika und auch für die Europäer. Sie werden von den Kamba nicht verehrt, belästigen häufig ihre Frauen und müssen dann ausgetrieben werden. Auch hier sprechen die Frauen im Besessenheitszustand ekstatisch eine dunkle Sprache, doch trotz dieser Verständigungsprobleme sind ihre Forderungen unmißverständlich. Sie verlangen Geschenke und Zuwendung von den Männern, meist den Ehemännern, und jeder Geist verlangt die seiner Herkunft entsprechenden Dinge. So fordern etwa die Suaheligeister bestickte arabische Mützen, die europäischen Geister dagegen europäische Gebrauchsgüter. Die Frauen können den Kult auch dazu benutzen, ihre Männer zu zwingen, ihnen Kleider zu kaufen. In einer bezeichnenden kleinen Fallgeschichte schildert Lindblom, wie eine Frau mit einem Heißhunger auf Fleisch erst dann die Erlaubnis ihres Mannes zur Schlachtung eines Tiers erhielt, als sie einen Besessenheitsanfall bekam, bei dem der in sie gefahrene Geist ihr Verlangen verkündete. Nachdem sie damit Erfolg hatte, beging sie jedoch leider den Fehler, mit ihrer Täuschung allzu offen zu prahlen, und der beleidigte Ehemann schickte sie wieder zu ihrem Vater zurück.

Ähnliche Beispiele werden auch aus Tansania berichtet, wo zumeist Frauen für eine Form der Besessenheit anfällig sind, die auf Suaheli volkstümlich als »Teufelskrankheit« bezeichnet wird. Auch hier verlangt der in das Opfer gefahrene Geist, der an hysterischen und anderen Symptomen zu erkennen ist, Geschenke, an denen sich gelegentlich seine Herkunft ablesen läßt. Die Behandlung ist ziemlich langwierig, denn sie erfordert nicht nur die üblichen kostspieligen therapeutischen Tänze, sondern für einen bestimmten Zeitraum muß auch eine Heilerin bei der Familie der Besessenen wohnen. Diese aufgeklärte Form der Therapie vermittelt der kranken Frau das Gefühl, im Mittelpunkt der Aufmerksamkeit zu stehen, und der Ehemann kann sogar dazu genötigt werden, sein Verhalten ihr gegenüber zu ändern (Koritschoner, 1936). Ebenfalls aus Ostafrika stammt eine ungewöhnlich interessante Studie der Taita aus Kenia, wo Grace Harris (1957) ähnliche Besessenheitszustände der Frauen schildert, hervorgerufen durch andere, nicht stammeseigene Geister, die nicht zu jenen des moralisch legitimierten, von Männern beherrschten Hauptkultes gehören, und mit deren Hilfe auf ähnliche Art und Weise Druck auf die Männer ausgeübt wird. Wie bei vielen therapeutischen Ritualen in Verbindung mit Geisterbesessenheit ist es auch hier von großer Bedeutung, daß die Frauen männliche Posen annehmen und Männerkleidung tragen.

Ähnliche Phänomene wurden bei den Tonga (Junod, 1922) und den Zulu in Südafrika (Krige, 1936, S. 307; Gluckman, 1954) beobachtet; über die Zulu liegen auch psychologische Studien vor (Lee, 1950 und 1969; Loudon, 1959). Bei den von Junod beschriebenen Tonga wurden die Frauen seit jeher von Zulu- und anderen fremden Geistern besessen und die Zulufrauen ihrerseits von Tongadämonen. In beiden Fällen lassen sich die bekannten hysterischen und anderen Symptome beobachten wie auch die Forderungen der Geister nach Geschenken und die Veranstaltung eines Reinigungstanzes, für den der Ehemann die Kosten zu tragen hat. Heute wird bei den Zulu diese Besessenheit, die dort unter dem Namen »Bantukrankheit« geläufig ist und von Lee als eine Form der Konversionshysterie diagnostiziert wurde, meistens als Besessenheit durch indische Geister und die *tokoloshe* erklärt, obszöne kleine Kobolde von untersetzter Gestalt mit einem riesigen Phallus. Das alles bietet sich für eine Deutung im Gefolge Freuds nachgerade an, und Lee führt auch Behandlungen an, die auf dieser Deutung beruhten. Was mich hier interessiert, ist die institutionalisierte Rolle, die dieser Besessenheitskult der Zulu im Kampf der Geschlechter spielt. In diesem Zusammenhang möchte ich beiläufig Loudons interessante Beobachtung erwähnen, daß das Auftreten dieser typisch weiblichen Störungen anscheinend mit dem Rückgang der alten ländlichen Fruchtbarkeitskulte zusammenfällt, bei denen die Frauen ihre gewohnte unterwürfige Rolle gegen eine dominante eintauschten. Auf diese heute ausgestorbenen Rituale nimmt Gluckman (1952) unter anderem Bezug.

Wenden wir uns jetzt Westafrika zu, wo ähnliche Elemente wie die bereits erörterten im Kult der *holey*-Geister der Songhai und im *bori*-Kult der Hausa zu finden sind. Was die Songhai betrifft, sind die Belege zugegebenermaßen nicht ganz eindeutig. Nach Jean Rouch (1960, S. 178 ff.) wird Besessenheit von *holey*-Geistern in der islamisierten Gesellschaft der Songhai häufiger bei Frauen als Erklärung für Krankheiten angeführt, obwohl – wie in vielen anderen hier behandelten Fällen – auch Männer aus den unteren sozialen Schichten davon betroffen sein können. Auch hier tritt eine ganze Familie von Geistern in Erscheinung, von denen einige mit benachbarten Völkern (wie den Hausa oder den Tuareg), andere wiederum mit Tieren in Verbindung gebracht werden. Neu zu dieser Geisterschar hinzugekommen sind die europäischen Geister, die immer öfter in Seancen, an denen hauptsächlich Frauen beteiligt sind, ungeladen auftauchen. Hier existiert eine fest etablierte Gesellschaft von Medien und Schamanen, in der die gering geachteten Fischer der Sorko neben den üblichen Tänzen, Geschenken und Opfergaben eine wesentliche Rolle spielen. Es gibt jedoch keinen deutlichen Hinweis, daß die Frauen den Kult als direktes Mittel gebrauchen, um auf ihre Männer Druck auszuüben, wie wir es anderswo gesehen haben. Ich bin jedoch überzeugt, daß nähere Forschungen genau dies zutage fördern werden.

Der *bori*-Kult der Hausa, der sich wie der *zar*-Kult nach

Nordafrika ausgebreitet hat, ist ein ähnlicher, wenn auch komplizierter Kult.[10] Hier existiert ein großes Pantheon von rund 200 einzeln benannten Geistern, die wie die Götter des antiken Griechenland auf die verschiedenste Art und Weise miteinander verwandt sind. Nach Tremearne (1913) reicht das Spektrum der *bori*-Geister vom mächtigen »König der Dschinnen« *(Sarkin' Aljan)* bis zu einem kleinen Haufen von Geistern, die man gewöhnlich als »Pünktchen« bezeichnet, die entgegen ihrem harmlos klingenden Namen nicht nur für eine Reihe weniger gefährlicher Gebrechen, sondern auch für die Pocken verantwortlich gemacht werden. Das *bori*-Pantheon ist daher nicht nur eine Ansammlung spiritueller Kräfte, sondern auch ein medizinisches Wörterbuch, in dem jedem Geist eine Anzahl von Symptomen (die sich manchmal auch überschneiden) zugeordnet wird. Sowohl bei den islamischen Hausa im eigentlichen Westafrika als auch in Tunesien, Libyen und Ägypten sind es wieder vornehmlich die Frauen, die sich dem Kult widmen und die auch als feste Anhängerinnen an schamanischen Riten teilnehmen, welche dazu dienen sollen, die Ursachen ihrer Besessenheit auszutreiben.

Ich glaube, wir können jedoch noch weitergehen und einige der Elemente dieses hochentwickelten Kultes in unsere besondere Betrachtung einbeziehen. Eine Durchsicht der weit gestreuten Literatur ist wenig ergiebig; die interessantesten Anhaltspunkte liegen in dem Glauben, daß der böse Blick durch die Vermittlung von *bori*-Geistern wirkt (Tremearne, 1914, S. 179), und daß eine verschmähte und vernachlässigte Ehefrau als *bora* bezeichnet wird, ein Begriff, den Tremearne (1914, S. 395) von *bori* ableitet. Die Gültigkeit dieser etymologischen Ableitung sei dahingestellt. Wie jedoch ein späterer Beobachter vermerkt, gibt es praktisch zwei Erscheinungsformen des Kults: einmal innerhalb und einmal außerhalb der Hausagehöfte.[11] Bisher haben die Anthropologen der letzteren Form, die verbreiteter ist, mehr Beachtung geschenkt. Bei dem bislang vernachlässigten Familienkult wird die Besessenheit durch *bori*-Geister – nur eine kleine Anzahl aus dem gesamten Pantheon – anscheinend hauptsächlich von jüngeren Nebenfrauen gegen ihre älteren Rivalinnen und ganz besonders gegen ihre Ehemänner benutzt. Deshalb spielt er bei Streitigkeiten innerhalb der polygynen Familie eine wichtige Rolle. Wie in den anderen von uns untersuchten Fällen verlangen die von *bori*-Geistern besessenen Ehefrauen Geschenke und wirtschaftliche Opfer von ihren Männern und setzen auf diese Weise ihren Anspruch auf Zuwendung durch.

Schließlich wird eine sorgfältige Durchsicht der Literatur zweifellos Beispiele für diese besondere Form einer mystischen Sanktion, wie wir sie hier erörtert haben, auch außerhalb Afrikas zutagefördern. Ganz sicher jedenfalls, darauf habe ich bereits hingewiesen, sind in vielen Besessenheitskulten anderswo auf der Welt ebenfalls Frauen und bestimmte andere Personengruppen besonders stark vertreten, nicht zuletzt auch in unserer eigenen schamanistischen Tradition, in der die sexuelle Komponente durchaus nicht fehlt. Ein gut belegtes Phänomen außerhalb Afrikas, das dieses Argument bekräftigt, ist die sogenannte »arktische Hysterie«, die bei den Polar-Eskimos und anderen sibirischen Völkern beobachtet werden kann. Dieses hysterische Leiden, von dem hauptsächlich Frauen betroffen sind, tritt vor allem in den harten Wintermonaten im nördlichen Grönland auf. Gussow (1960), der diesen Zustand psychoanalytisch nach Freud interpretiert, hält die hysterischen Fluchten, zu denen die Betroffenen neigen, für unbewußte Verführungsmanöver und für Aufforderungen an die Männer zur Verfolgung. Er sieht in ihnen eine Zuflucht für jene Frauen, die in harten Zeiten und Krisen liebevolle Beruhigung suchen. Ohne ihre Freudschen Akzente liegt diese Interpretation auf einer Linie mit dem hier vertretenen Ansatz. Es ist in diesem Zusammenhang außerdem von besonderer Bedeutung, daß dieser hysterische Zustand, der generell einer Geisterbesessenheit zugeschrieben wird, eine wesentliche Rolle bei der Berufung und Ausbildung sowie der rituellen Handlungen der sibirischen Schamanen spielt, die häufig Frauen sind (Czaplicka, 1914, S. 169 ff. und S. 309–325).[12] Neuere Forscher (z. B. Basilov, 1981) behaupten, daß der Schamanismus mit der zunehmenden Säkularisierung der Sowjetunion in den letzten Jahrzehnten marginalisiert wurde und fast ausschließlich zu einer Domäne der Frauen geworden ist.

V

Bis jetzt müßte deutlich geworden sein, daß wir es hier mit einem weitverbreiteten Gebrauch der Geisterbesessenheit als einem Mittel zu tun haben, zu dem Frauen und andere erniedrigte Personengruppen greifen, um auf ihre Ehemänner bzw. Vorgesetzten einen mystischen Druck auszuüben, wenn sie sich vernachlässigt oder enttäuscht fühlen, und ihnen kaum andere Sanktionsmöglichkeiten zur Verfügung stehen. Natürlich ist die Geisterbesessenheit nur *eine* mögliche Form eines mystischen Angriffs, der zudem insofern verdeckt erfolgt, als die gekränkte Person selbst ein Leiden auf sich nimmt, statt zu versuchen, dem eigentlichen Urheber ihrer Kränkung und Vernachlässigung Schaden zuzufügen. Unter diesem Gesichtspunkt stellen Hexerei und Magie eine offenere Form der Vergeltung und des Angriffs dar, und ich versuche gar nicht erst zu erklären, warum in bestimmten Gesellschaften die eine Form der anderen vorgezogen wird, oder warum gelegentlich sogar beide nebeneinander existieren. Es mag jedoch wichtig sein festzustellen, daß ein besonderes Merkmal der Geisterbesessenheit darin besteht, daß diese im Gegensatz zu manchen Formen der Hexerei und Magie gewöhnlich eine Erklärung für Krankheiten ist, und im allgemeinen nicht – jedenfalls nicht unmittelbar – für ein äußeres Unglück, was aus der besonderen Natur der Besessenheit folgt, bei der etwas Äußeres in eine Person eindringt.

Ob sich diese Unterscheidung als triftig und wesentlich erweist oder nicht, es bestehen jedenfalls wichtige Analogien zwischen den beiden Formen einer mystischen Sanktion – Geisterbesessenheit einerseits, Hexerei und Magie andererseits –, die ich bereits erwähnt habe und auf die ich jetzt näher eingehen möchte. So stoßen wir zum Beispiel in Nadels Untersuchung über die Hexerei bei den Nupe auf eine Form der Hexerei, in der sich das Verhältnis der Geschlechter im »Geschlechterkampf«, wie wir es bei der Geisterbesessenheit kennengelernt haben, umkehrt. Hier sind es die Frauen, die durch ihren Unternehmungsgeist in Handel und Gewerbe die Männer in finanzieller Abhängigkeit halten, über die Stränge schlagen und nur noch gefügig gemacht werden können, indem man sie der Hexerei bezichtigt (Nadel, 1952). In dieser Hinsicht muß auf einen weiteren

Aspekt hingewiesen werden. Die besten anthropologischen Forscher über Hexerei und Magie heben vor allem die Konfliktbeziehung zwischen dem behexten oder verzauberten Opfer und der Hexe oder dem Zauberer hervor. Dabei übersehen sie jedoch leicht, daß das Opfer, das anklagend mit dem Finger auf die Hexe oder den Zauberer zeigt, die Aufmerksamkeit zugleich auf sich selbst lenkt. Das hat nicht nur den Sinn, die öffentliche Meinung für das Opfer zu mobilisieren wie bei der typischen Hexenverfolgung, sondern auch das Opfer zum Mittelpunkt besonderer Fürsorge und Aufmerksamkeit zu machen. Dies scheint jedenfalls das gemeinsame Resultat dieser Prozedur zu sein, das seltsamerweise bislang von der Forschung nicht gesehen wurde. (In Kapitel 3 wird diese Thematik näher untersucht.)

Wenn ich bislang den Aspekt der Sanktion und der Kontrolle der besessenen Frauen gegenüber ihren Ehemännern hervorgehoben habe, so vergesse ich darüber doch nicht ein anderes Interpretationsmuster, demzufolge solche Phänomene die Bekräftigung der gegenseitigen Abhängigkeit zwischen Mann und Frau darstellen und zur Erhaltung der bestehenden Geschlechtsrollen beitragen. Das ist jedenfalls die Hypothese Gluckmans in seinem Buch *Rituals of Rebellion,* die den traditionellen struktur-funktionalistischen Ansatz von Radcliffe-Brown widerspiegelt. So verkörpern diese Konfliktbewältigungen für Gluckman *in Wirklichkeit* eine Bewahrung und Erhaltung des Bestehenden. Das ist auch der Kern in Grace Harris' Interpretation der Besessenheitskulte bei den Taita-Frauen, die ich bereits erwähnt habe. Auch sie sieht – in der Terminologie Gluckmans – unterdrückte Frauen nicht als Rebellinnen, sondern als passive Subjekte, die die Belastungen, die ihnen von den Männern zugemutet werden, tapfer ertragen und lediglich in gewissen Abständen in einem kathartischen Ritual, mit dem sie die bestehende Ordnung letztlich dennoch akzeptieren, gegen die Männer aufbegehren. Von Werbner (1964) stammt eine eingehende Analyse der Geisterbesessenheit bei den Kalanga Shona-Frauen. Obwohl er zeigt, auf welche Weise die Frauen ihre Macht einsetzen, um damit Druck auszuüben, behauptet Werbner (wenn ich ihn richtig verstanden habe), daß dies letzten Endes den Männern zugute kommt. In diesem Fall geht es jedoch um einen Kult, der für die Erhaltung der überkommenen Stammesmoral sehr viel wichtiger ist als die peripheren Kulte, aus denen ich meine

Hypothesen über die besondere Rolle der Besessenheit von Frauen gewonnen habe.

In jedem Fall bin ich überzeugt, daß das Material, das ich über diese peripheren Kulte vorgelegt habe, meine Interpretation bestätigt, die sich weniger auf die die bestehende Ordnung bewahrenden Aspekte stützt, sondern vielmehr auf die dynamische Rolle der mystischen Sanktionen im Kampf der Geschlechter. Mein Argument läuft kurz gesagt auf folgendes hinaus: Auch wenn die Frauen in diesen traditionell von Männern beherrschten Gesellschaften nicht eigentlich »Feministinnen« sind, können sie es unter bestimmten Umständen doch sehr leicht werden. Zur empirischen Erhärtung dieser Hypothese möchte ich eine sorgfältige Untersuchung von Elisabeth Colson (1969) über die Tonga in Sambia anführen. Colson vergleicht die konservativen, traditionsgebundenen Tonga im Tal mit ihren gebildeten, stärker akkulturierten Stammesbrüdern, die auf der Hochebene leben, und zeigt unter Benutzung historischer Daten, was wirklich hinter diesen Deprivationskulten der Frauen steckt.

Bei den auf der Hochebene lebenden Tonga, die seit den dreißiger Jahren zunehmend in die moderne Marktwirtschaft Sambias eingebunden wurden und lokale Möglichkeiten haben, Geld zu verdienen, so daß die Männer sich nicht mehr für längere Zeit in der Fremde als Wanderarbeiter verdingen müssen, kam es praktisch zu einer gleichzeitigen Akkulturation von Männern und Frauen. Darüber hinaus beruhen die traditionellen Beziehungen zwischen den Geschlechtern eher auf Gleichberechtigung (Colson, 1958, S. 137). Daher nehmen die Frauen, ob verheiratet oder ledig, wie die Männer uneingeschränkt am gesellschaftlichen Leben teil und werden von mystischen oder anderen Zwängen wenig behindert. Unter diesen Umständen kommt die Besessenheit durch periphere *masabe*-Geister heute kaum noch vor und befällt, wenn überhaupt, Männer und Frauen gleichermaßen.

Bei den Tonga im Tal sieht es dagegen ganz anders aus. Als Wanderarbeiter haben die Männer dort seit langem Kontakt mit der europäisch orientierten Außenwelt, während die Freuden und Geheimnisse des Stadtlebens den daheimgebliebenen Frauen bei aller Faszination versagt geblieben sind. Die einsamen und derart ausgeschlossenen Ehefrauen werden denn auch regelmäßig von Geistern heimgesucht, die heute bezeichnenderweise solche Geschenke fordern, die diese Frauen mit ihren verführerischen Geschlechtsgenossinnen in der Stadt in Verbindung bringen: farbenfrohe Kleider, Delikatessen oder – ganz besonders häufig – Seife. In diesem Verlangen nach Seife spiegelt sich eine zunehmende Kultivierung der Männer, die die traditionellen Schönheitsmittel der Frauen – Öl und Ocker – ablehnen und frischgebadete, wohlriechende Partnerinnen vorziehen. Auf dem Umweg über diese Forderungen nach Kosmetikartikeln machen die Frauen heute auf ihre Abgeschiedenheit und Vernachlässigung aufmerksam und versuchen, diesen Zustand zu überwinden. Früher verlangten ihre Geister nach Kleidungsstücken und anderen Besitztümern der Männer.

So spiegeln sich in diesen Deprivationskulten der Frauen die sich wandelnden Interessen und Wünsche derer wider, die einer Besessenheit anheimfallen. Ihre Wünsche und Sehnsüchte sind nicht mehr statisch, falls sie das überhaupt jemals waren, und können daher auch nicht völlig unter die monotone Kategorie einer rituellen Rebellion subsumiert oder durch diese erklärt werden. Mit den veränderten Verhältnissen ändern sich außerdem der Charakter und das Aussehen der Geister. Zu den Geistern fremder Stämme und den Tiergeistern, wie sie in diesen traditionellen Geisterwelten überall anzutreffen sind, treten nun auch andere fremde Mächte wie Flugzeuge und Eisenbahnen, solange sie noch den Reiz des Neuen und Geheimnisvollen haben. Ganz ähnlich verhält es sich auch mit den durch die christliche Missionstätigkeit eingeführten spirituellen Kräften, die ebenso bereitwillig in die peripheren Kulte der Frauen assimiliert werden. Mit diesen Neuzugängen, in denen neue Kontakte und Erfahrungen zum Ausdruck kommen, verschwinden einige der alten Geister.

So wird bei einem Vergleich der beiden Tongastämme deutlich, wie bei den Tonga im Tal die alte Ungleichheit zwischen den Geschlechtern bestehen bleibt und mit ihr auch die Praxis der Kulte, in denen die Zusammensetzung der Geister sich aufgrund neuer Welterfahrungen verändert. Bei den Tonga auf der Hochebene werden nach wie vor Männer ebenso häufig von Besessenheitszuständen heimgesucht wie die Frauen. Das ergibt jedoch nur dann einen Sinn, wenn wir die zumindest potentielle innere Dynamik erkennen, die ich bei diesen Kulten hervorgehoben habe.[13]

Wir wollen uns jetzt einem anderen, aber verwandten Thema zuwenden. Ich habe mehrfach auf den Umstand hingewiesen, daß die Kulte, mit denen wir uns hier befassen, insofern peripher sind, als sie nicht den allgemeingültigen Moralkodex der Gesellschaft, in der sie vorkommen, vertreten. Deshalb ist es wohl mehr als eine rein semantische Zweckmäßigkeit, daß viele der in den Kulten erscheinenden Geister einen peripheren Kontakt mit fremden Völkern und das flüchtige Aufnehmen neuartiger Erfahrungen zum Ausdruck bringen. Von ungleich größerer Bedeutung für mein Argument ist jedoch ihr besonderer Bezug zu den Frauen. Denn ob man sie nun als Figuren im Spiel der Männer mit Heiratsverbindungen (Lévi-Strauss) betrachtet oder nicht, jedenfalls besteht kein Zweifel, daß Frauen in vielen, wenn nicht den meisten Gesellschaften tatsächlich als marginale Geschöpfe *behandelt* werden.

Wie ich sogleich hinzufügen möchte, ist dies kein besonderes Merkmal patrilinearer Gesellschaften: Die Tonga im Tal sind ebensowenig patrilinear wie zahlreiche andere Stämme, die ich als Beispiele angeführt habe. Nebenbei bemerkt haben wir wieder einen Beweis dafür, wie unwichtig in vieler Hinsicht diese traditionellen Abstammungskategorien sind, mit denen die Anthropologen auf der Suche nach ergiebigen Korrelationen mit anderen gesellschaftlichen Erscheinungen sich so lange und ergebnislos abgemüht haben. Inzwischen haben zumindest einige von ihnen erkannt, daß Abstammung ein sehr schlechter Aufhänger für viele wichtige soziale Phänomene ist.[14] Dieses große, verkrustete Herzstück der traditionellen Anthropologie müßte allmählich ins Wanken geraten.

Denn die Marginalisierung der Frauen ist, unabhängig von der Abstammung, ein generelles Merkmal aller Gesellschaften, in denen die Männer ein sicheres Monopol auf die wichtigsten Machtpositionen halten und ihren Partnerinnen wirksame gesetzliche Rechte vorenthalten. Hier besteht natürlich ein offensichtlicher und grundlegender Widerspruch: Denn wie immer die rechtliche Stellung der Frauen beschaffen ist, sie sind schlichtweg für die Erhaltung des Lebens und der Menschheit entscheidend. Sie sind es, die Kinder gebären, aufziehen und einen Hauptanteil an ihrer frühen Erziehung haben. Von daher steht die Behandlung der Frauen als minderwertige Lebewesen in eklatantem Widerspruch zu ihrer wesentlichen biologischen Bedeutung und läßt sich auch auf der sozialen Ebene nicht mit ihrer starken Bindung an eine bestimmte Gesellschaft und Kultur vereinbaren (vgl. Ardener, 1972). Wenn wir also versuchen, die besondere Anfälligkeit von Frauen für Besessenheitszustände mit ihrem Ausschluß aus dem gesellschaftlichen und politischen Leben und ihrer rechtlichen Benachteiligung gegenüber den Männern zu erklären, dann müssen wir zugleich auch einräumen, daß diese Kulte, in denen sich eine Spannung zwischen den Geschlechtern entlädt, immerhin von den Männern geduldet werden. Hier wäre es denkbar, daß in dieser Duldung der Kulte durch die Männer sowie in der den Frauen im allgemeinen eher zugestandenen rituellen Zügellosigkeit und emotionalen Abfuhr eine schemenhafte Wahrnehmung des Widerspruchs zwischen der marginalen Stellung der Frau und ihrer großen Bedeutung für die Gesellschaft zum Ausdruck kommt. Natürlich sind solche Überlegungen keine vollständige Erklärung für die Existenz dieser Kulte. Bis zu einem gewissen Grad zeugt der Gebrauch der Geisterbesessenheit als eine Möglichkeit der Diagnose und Behandlung von Krankheiten ebenso wie andere mystische Krankheitserklärungen davon, daß die Erkenntnisse der modernen Medizin unbekannt sind oder als unbefriedigend oder unbedeutend beurteilt werden. Es muß wohl kaum eigens betont werden, daß das Vorkommen solcher Besessenheitskulte an das häufige Auftreten bestimmter Krankheiten gebunden ist.

VI

Am Ende dieser vielleicht etwas weitschweifig erscheinenden Ausführungen über die besondere Krankheitsanfälligkeit von Frauen möchte ich einige weitere Diskussionsstränge zu einem umfassenderen Modell der Geisterbesessenheit zusammenführen. Nadel (1946) und viele andere haben nicht nur auf den vielseitigen und flexiblen Charakter der Besessenheitskulte hingewiesen, wie er am Beispiel der Tonga deutlich wurde, sondern auch auf ihr unleugbar innovatorisches Potential, wie es im Phänomen der Propheten zum Ausdruck kommt, die »in Zungen reden«. Des weiteren haben wir uns zwar vorwiegend mit peripheren Kulten von Frauen beschäftigt, an diesen haben jedoch gelegentlich auch Männer aus gesellschaftlich ausgeschlossenen Gruppen oder fehlangepaßte Außenseiter teilgenommen. Man kann sogar eine fortschreitende Erweiterung der besessenheitsanfälligen Gruppen beim *zar*-Kult in Äthiopien ebenso wie beim *bori*- und beim *holey*-Kult sowie bei anderen Kulten beobachten. Es sind nicht allein Frauen, sondern zunehmend alle von der Gesellschaft Ausgestoßenen und Verachteten – die Angehörigen bestimmter, sozial niedrigstehender Schichten ebenso wie individuelle soziale Randfiguren –, die von diesen Kulten absorbiert werden. Während sich zum Beispiel in Äthiopien die Anhänger des Kultes früher hauptsächlich aus Frauen zusammensetzten, sehen heute offenbar auch die Abkömmlinge von Sklaven und Angehörige der untersten Schichten in der chronischen Besessenheit und der festen Mitgliedschaft in einer Kultgemeinschaft ein Mittel der Sicherheit und eine Möglichkeit zur Verbesserung ihrer Lage (Messing, 1959, S. 331). Die Mitgliedschaft in einer *zar*-Gemeinschaft ermöglicht eine gewisse Befreiung aus den frustrierenden traditionellen Beschränkungen, und ein neuer Trend der vertikalen sozialen Mobilität ist ebenfalls nicht zu übersehen: Individuen mit niedrigem sozialen Status werden von immer ranghöheren Geistern besessen.

In diesem Zusammenhang und insbesondere im Hinblick auf die Unterstützung, die Kultmitgliedern mit echten psychischen Störungen angeboten wird, sind auch die positiven therapeutischen Wirkungen zu erwähnen, die aus der regelmäßigen Anwendung kathartischer und anderer Techniken der psychischen Abfuhr in diesen Kulten resultieren.[15] Von den peripheren Besessenheitskulten kann man allerdings nicht behaupten, was Marvin Opler (1959, S. 112) vom Peyotekult der Indianer sagt: Er sei das Meskalin der Massen. Aber selbst dort, wo solche Kulte nur von nebensächlicher Bedeutung sind, finden sich Hinweise, daß viele Stammesvölker in ihrer schamanischen Therapie Heilmethoden entwickelt haben, die von der modernen Psychotherapie erst vor kurzem wiederentdeckt wurden, und daß sie vielfach mit ihrem Wissen von unbewußten Gefühlen und Impulsen Freud vorweggenommen haben.[16]

Doch das würde uns selbst von einem erweiterten Spektrum der Besessenheitskulte zu sehr entfernen. Am einen Ende dieses Spektrums liegen jene Phänomene, mit denen wir uns vorwiegend beschäftigt haben. Man könnte sie als

Formen einer hysterischen Besessenheit bezeichnen, die vor allem Frauen und zum Teil auch erniedrigten Männern als institutionalisiertes Mittel dient, um ihre Interessen zu wahren und Ansprüche eher durch gelegentliche als durch chronische Anfälle geltend zu machen. Eine formale Ausgestaltung eines regelrechten Schamanenkultes an sich gibt es kaum, und die Anzahl der auftretenden Geister ist zumeist verhältnismäßig gering. Die Geisterbesessenheit, wie wir sie bei den Somalis, Kamba, Zulu und anderen beobachten konnten, hat weitgehend dieselbe Funktion wie anderswo die Hexerei und Zauberei, wenn auch die seelischen Spannungen bei ihr weniger deutlich zum Ausdruck kommen.

Im nächstfolgenden Bereich unseres Spektrums ist die Geisterbesessenheit schon weitgehend eine reguläre, stereotypisierte und stark institutionalisierte Form des Eintritts in eine bestimmte schamanische Kultgemeinschaft mit organisierter Führung samt Gefolgschaft. Gegenüber dem vorherrschenden religiösen Kult, dessen Gebote für das Handeln der Menschen maßgebend sind und mit dem das Universum erklärt wird, ist auch dieser Kult noch peripher; er zieht hauptsächlich Frauen und andere von der Gesellschaft ausgeschlossene oder marginale Gruppen sowie einzelne Außenseiter an. Mehr als im vorhergehenden Fall, wo das Gewicht vor allem auf der Austreibung der Geister lag, haben wir es hier mit einem echten und regulären Geisterkult zu tun, der hochkomplex ist und ein großes Pantheon spiritueller Mächte umfassen kann. Das ist etwa der Fall in Singapur, im haitianischen Vodu (Metraux, 1959), bei den islamischen Hausa und Songhai, im christlichen und im islamischen Äthiopien, ganz zu schweigen von vergleichbaren Kulten in der Antike. In diesen Beispielen ist es primär die feste Mitgliedschaft in einer Kultgemeinschaft mit ihren eindrucksvollen psychodramatischen Inszenierungen, die den Anhängern, wenn auch nur ersatzweise, Vertrauen, Sicherheit und eine Aufwertung ihres Status bietet. Trotz ihres peripheren Charakters können diese Kulte eine enorme soziale und psychologische Bedeutung haben. Damit meine ich nicht nur die Rolle des Schamanen als Wahrsager, Hellseher, Heiler und Vermittler, so wichtig diese Funktionen zweifellos sein mögen. Denken wir nur etwa an die faszinierenden, wenn auch noch immer kaum erforschten sozialen Implikationen des *bori*-Kultes der Hausa, bei dem nicht nur das älteste Gewerbe der Welt im Mittelpunkt steht, sondern das Gedeihen von Handel und Gewerbe ganz allgemein; daher erklärt sich auch seine mystische Verbindung mit der Gründung und dem Aufblühen von Handelszentren, wo in den Salons der reich geschmückten *bori*-Kurtisanen Männer aus allen Ständen in der hochstilisierten Sprache der Hausa-Preislieder um deren Gunst wetteifern.

Derartige komplexe Besessenheitskulte grenzen bereits an prophetische Bewegungen, wo die besessenen Medien und Schamanen nicht nur stets wiederkehrende Probleme aus ihrer eigenen Kulturtradition bewältigen, sondern als Antwort auf neue Einflüsse und Zwänge von außen auch messianische Offenbarungen verkünden und geistig inspirierte Religionen ins Leben rufen, die eine neue, größere Anhängerschar ansprechen und ein starkes Element einer Morallehre aufweisen. Die Plötzlichkeit, mit der sie entstehen, und die auffälligen Merkmale dieser »Religionen der Unterdrückten« (Lanternari) haben sowohl innerhalb wie außerhalb der christlichen Tradition viel Beachtung gefunden.[17] Deshalb brauchen hier auch keine Beispiele angeführt zu werden, und es mag der Hinweis genügen, daß zu ihnen sowohl so rudimentäre und unentwickelte Formen gehören wie Hexenwahn und Cargo-Kulte als auch die messianischen Kulte des Christentums und des Islam. Von größerer Bedeutung dürfte sein, daß diese Religionen häufig oder fast immer eschatologische Vorstellungen von einem Leben nach dem Tod betonen, dessen Form sich nach dem eigenen Moralverhalten richtet. Die Einhaltung moralischer Vorschriften wird also nicht allein mit der Aussicht auf Wohlstand und Glück im irdischen Leben erreicht, sondern weit mehr noch dadurch, daß diese Belohnungen dem Menschen im Himmel zugesprochen werden.

Schließlich sind noch jene fest eingewurzelten Religionen zu nennen, in denen solch eine zentrale messianische Offenbarung der Morallehre auf das Maß eines reinen Mythos über die Schöpfung und den Ursprung des menschlichen Leidens geschrumpft ist. In diesen Fällen ist die Religion so vollkommen in der Gesellschaft aufgegangen und so tief in die Moral eingebettet, daß die eschatologische Tradition ihren Reiz gänzlich verloren hat. Dennoch ist auch in diesen Religionen noch der Geisterglauben verbreitet. Das äußert sich zumeist in den Besessenheitszuständen, in denen Moral und Frömmigkeit verteidigt werden, während Unterströmungen der messianischen Tradition durch das gelegentliche Auftreten von Erweckungspropheten sichtbar werden, die gegen Dekadenz und Verfall anpredigen. Am anderen Ende des hier skizzierten Spektrums stehen offensichtlich die Religionen des Alten Testaments, der Nuer (Evans-Pritchard, 1956) und der Dinka (Lienhardt, 1961), wo in dem treffenden Paradox des einen und der vielen die Geister unmißverständlich die Erfahrung des Menschen von Ordnung und Unordnung in seiner Weltanschauung repräsentieren.

Diese typologische Reihe verfolgt das zunehmende Aufgehen von Propheten in der sie umgebenden Gesellschaftsordnung, bis ihr revolutionärer Eifer sich fast vollständig erschöpft hat. Das läßt vermuten, daß jener Religionstypus, der einen akzeptierten öffentlichen Moralkodex feiert, ebenso häufig einer messianischen Tradition vorausgehen wie sich aus ihr entwickeln kann. Denn wie es scheint, ist es in der Religionsgeschichte häufig möglich, Trends und Entwicklungen in beiden Richtungen durch die verschiedenen Phasen und Akzente in unserem einfachen Schema der Geisterbesessenheit und -beseeltheit hindurch zu verfolgen. Und wir sollten vielleicht noch hervorheben, auch wenn dies auf der Hand zu liegen scheint, daß etliche der von uns definierten Phasen in unterschiedlichem Maße jederzeit auch innerhalb eines bestimmten religiösen Systems auftreten können. Um es an einem einfachen Beispiel zu verdeutlichen: Obwohl in Somalia die Geisterbesessenheit, wie ich es beschrieben habe, hauptsächlich im Rahmen des »Geschlechterkampfs« eine Rolle spielt, finden sich über den entsprechenden Kult hinaus bei den Somali auch einfache spiritistische Zirkel.

VII

Es ist nicht meine Absicht, dieses Modell unmittelbar auf die hier erörterten Daten anzuwenden. Trotzdem erscheint es mir sinnvoll, etwas näher auf die zeitliche und räumliche Einordnung der von uns behandelten Kulte einzugehen. So kann der *zar*-Kult, wie Cerulli (1923, S. 2) behauptet hat, im Äthiopien des 20. Jahrhunderts durchaus an die Stelle der alten kuschitischen Religion getreten sein, in deren Mittelpunkt ein Himmelsgott stand, bevor sie durch das Christentum und den Islam verdrängt und auf den Rang eines peripheren Kults verwiesen wurde. In Somalia dagegen findet sich für diese Annahme kein direkter sprachlicher Hinweis; der Kult ist dort vermutlich eher auf Fremdeinflüsse zurückzuführen. Das gilt ganz sicher für jene Besessenheit, die man »Klerikal-Geistern« zuschreibt, und die erst seit etwa einer Generation beobachtet wird. In Arabien, dem nördlichen Sudan und Ägypten ist der *zar*-Kult ebenfalls von außen eingeführt worden und kaum älter als hundert Jahre (s. Kapitel 6). Innerhalb seiner eigenen lokalen Umgebung wird der *bori*-Kult im allgemeinen als die verdrängte traditionelle Religion der vorislamischen Hausa angesehen, und es gibt nichts, was gegen diese Sichtweise spricht. Auf Haiti scheint jahrhundertelang ein ganz ähnliches Verhältnis zwischen dem Vodukult der Sklaven oder später der Bauern und der christlichen Religion bestanden zu haben (Metraux, 1959).

Möglicherweise bieten diese verdrängten und marginalisierten Kulte jene Form einer institutionellen und inspirativen Kontinuität, die es neuen messianischen Kulten unter geeigneten historischen Bedingungen ermöglicht, sich zu entwickeln und schließlich als Zentren der religiösen Moral zu etablieren. Das ist zweifellos eines der Hauptthemen in der Geschichte des Christentums. Während zwar die Propheten im Alten Testament unstreitig den Messias ankündigen, wird der Kreis erst mit der endgültigen Etablierung dieser Religion in der öffentlichen Moral unserer eigenen Gesellschaft und mit der impliziten Mißachtung einer Eschatologie geschlossen, die mehr wäre als eine bequeme Metapher für die Belohnung eines sittlich guten Verhaltens. Denn der maßgebende öffentliche Kult des Christentums im 19. und 20. Jahrhundert scheint dem Alten Testament mit seiner strengen Morallehre mehr zu entsprechen als dem Erlösungsgedanken des Neuen Testaments. An dieser Stelle ist auch an die explizite Widerlegung der traditionellen christlichen Eschatologie der Kirche in den Lehren moderner christlicher Apologeten zu erinnern, die behaupten, Himmel und Hölle seien keine Realitäten im traditionellen Sinne, sondern existentielle Geisteszustände.

Zum Schluß möchte ich nur noch hinzufügen, daß wir auch unsere eigene Tradition der peripheren Geisterbesessenheit genauer betrachten sollten. In der Religionsgeschichte ist mit der Einsetzung des Heiligen Geistes als der einzig anerkannten Quelle göttlicher Eingebung automatisch anderen Geistern die Existenzberechtigung abgesprochen worden, die sich nicht in den orthodoxen Rahmen fügten, und die von solchen Geistern Besessenen wurden wegen Betrügerei und Paktieren mit dem Teufel mit den allgemein bekannten Konsequenzen vor Gericht gestellt. So lautet die offizielle Kirchenmeinung, die die beiden Dominikaner Krämer und Sprenger Ende des 15. Jahrhunderts in ihrer Schrift *Malleus Maleficarum* (Der Hexenhammer) mit bezeichnender Kasuistik dargelegt haben. Mindestens zweihundert Jahre lang hat die Kirche sich auf diesen Leitfaden berufen. Obwohl die zunehmend liberale Haltung der Kirche gegenüber Besessenheitszuständen, die dem Wirken des Satans zugeschrieben wurden, sowie das Aufkommen des Säkularismus und der modernen Wissenschaft im 19. Jahrhundert natürlich eine zunehmend skeptische Einstellung zu diesem Phänomen begünstigten, verschwand es deshalb doch nicht völlig von der Bildfläche. Tatsächlich lebte der Spiritismus, der zum Teil sogar mit Erfolg um seine wissenschaftliche Anerkennung kämpfte, im viktorianischen Zeitalter wieder auf, besonders nach der Herausforderung, die Darwins Buch *»Die Entstehung der Arten durch natürliche Zuchtwahl«* (erstmals 1859) für die orthodoxe Theologie bedeutete. Es war die Zeit der Fox-Schwestern und des gefeierten englischen Mediums Florence Cook, als in den treffenden Worten Trevor Halls

»ebensoviele Köpfe wie Tische verrückt wurden, und die unterschiedlichen Erklärungen für die mysteriösen Tänze des Mobiliars auf den Geisteszustand der Leute, die sie vorbrachten, schließen ließen. Die Spiritisten waren überzeugt, daß sich die Tische unter dem Einfluß von Geistern bewegten, und die Geistlichkeit glaubte, daß sie damit wahrscheinlich recht hatten, aber ob diese körperlosen Wesen gut oder böse, engelhaft oder teuflisch waren, blieb umstritten.« (Hall, 1962, S. XI)

Wie die ungebrochene Tradition spiritistischer Zuammenkünfte und Veröffentlichungen zeigt, ist die Geisterbesessenheit in ihrer traditionellen Form ebenso wie andere marginale mystische Praktiken bis heute keineswegs ausgestorben.[18] Freilich kann sie kaum noch dasselbe große Interesse und dieselbe zahlreiche Anhängerschaft wie bei unseren Großeltern für sich reklamieren. Das nachlassende Interesse fällt offenbar ziemlich genau mit dem Aufkommen der modernen Psychologie und Psychoanalyse zusammen, und es wird wohl niemand bezweifeln, daß viele der Krankheitssymptome, die in der Vergangenheit bei uns ebenso wie in traditionellen Gesellschaften auf das Wirken von Geistern zurückgeführt wurden, heute auf der Couch des Psychoanalytikers behandelt werden. Diese Analogie läßt sich vielleicht noch einen Schritt weiter treiben, denn zumindest in der Psychoanalyse besteht nicht nur in der Art der Ausbildung eine gewisse Ähnlichkeit mit den spirituellen Mühen und der Lehrzeit eines Schamanen, sondern auch die Behandlungssituation ist implizit und zunehmend auch explizit in ihren wesentlichen Merkmalen ebenfalls psychodynamisch. Zweifellos entspringt der funktionale Ansatz, der heute in der klinischen Psychiatrie so verbreitet ist, einer Deutung psychosomatischer Störungen – und manchen Ärzten zufolge auch schwererer Geisteskrankheiten –, die die Symptome des Patienten auf dessen individuelle Konfliktsituation bezieht, d. h. daß die Krankheit in ihrem Kontext gesehen wird – was ganz dem hier vorgelegten Ansatz entspricht.

Mit diesem Vergleich möchte ich natürlich weder behaupten, daß jede psychische Krankheit als eine Reaktion auf diese oder jene Form einer Deprivation, noch daß die gesamte moderne Psychotherapie als Deprivationskult zu verstehen ist. Am deutlichsten sieht man die Parallele, wenn man sie auf das Auftreten und die Behandlung von neurotischen Störungen, insbesondere von psychosomatischen und hysterischen Leiden beschränkt. Ungeachtet anderer Krankheitsformen, die ebenfalls mit Besessenheitskulten einzelner Völker in Verbindung stehen, sind es gerade diese Symptome, über die im Zusammenhang mit peripheren Besessenheitskulten am häufigsten berichtet wurde. Wenn meine Analogie berechtigt ist, müssen wir mögliche Zusammenhänge zwischen diesen Leiden und einer Deprivation gerade im Bereich der geistigen Störungen suchen. Angesichts der Schwierigkeiten, allgemeinverbindliche Normen für die Diagnose von Geisteskranken zu rechtfertigen, ist es nicht überraschend, daß detaillierte statistische Daten über die Epidemiologie der Geisteskrankheiten in westlichen Gesellschaften nur schwer verfügbar sind. Trotzdem gibt es eine Reihe von Studien mit aufschlußreichen Ergebnissen. In ihrer Untersuchung über Geisteskrankheiten in New Haven, Connecticut, stießen Hollingshead und Redlich (1958) auf einen statistisch signifikanten *umgekehrten* Zusammenhang zwischen psychosomatischen Störungen und hysterischen Reaktionen einerseits und sozialer Schichtzugehörigkeit andererseits: Die gesellschaftlich am meisten benachteiligten Bevölkerungsschichten litten am häufigsten unter derartigen Störungen. Eine neuere Analyse von Diagnosen neurotischer Erkrankungen aus einer Stichprobe allgemeinmedizinischer Arztpraxen in England ergab, daß weit mehr Frauen als Männer unter neurotischen Störungen litten: In der Untersuchung betrug das Verhältnis von weiblichen zu männlichen neurotischen Patienten zwei zu eins.[19]

Bei der gegenwärtig herrschenden Verwirrung auf dem Gebiet der sogenannten transkulturellen Psychologie wäre es mehr als naiv, sich zu sehr auf solche Zahlen zu stützen oder meinen Vergleich vorbehaltlos zu akzeptieren. Deshalb kann ich vorläufig bestenfalls vorschlagen, dieses Thema weiter zu verfolgen. Wenn ich mich also auf die Psychologie und die Psychiatrie beziehe, was wir Anthropologen künftig mehr als bisher tun sollten, (jedenfalls wenn wir Syndrome, die wir in fremden Kulturen untersuchen und analysieren, mit denen unserer eigenen Gesellschaft vergleichen wollen), dann bin ich mir bewußt, daß ich damit möglicherweise jene meiner britischen Kollegen vor den Kopf stoße, die ungeachtet ihrer erklärten Zugehörigkeit zu einer theoretischen Schule in der Praxis dem Funktionalismus von Radcliffe-Brown treu geblieben sind, der der Psychologie bekanntlich sehr ambivalent gegenüberstand (s. Lewis, 1977). Lassen Sie mich noch etwas deutlicher werden. Von den Erklärungen der Psychologen für ungewöhnliche Verhaltensweisen – unbewußte Motive, Projektionen, Konversionen usw. – verspreche ich mir keine endgültige Erklärung für gesellschaftlich institutionalisiertes Verhalten, die eine anthropologische Analyse ausschließen würde. Im Gegenteil, ich suche lediglich nach einer Möglichkeit, eine Reihe ähnlicher Symptome, die in verschiedenen Gesellschaften auf unterschiedlich institutionalisierte Weise behandelt werden, zu klassifizieren und zu Vergleichszwecken konstant zu halten. Ich glaube nicht, daß sich *soziale* Phänomene wie die Geisterbesessenheit als psychische Krankheiten oder individuelle seelische Störungen erklären lassen. Auch Ernährungsmängel sind für mich keine befriedigende Erklärung dafür, wie inzwischen deutlich sein müßte (s. Lewis, 1983). Mein eigener Erklärungsansatz (der nicht »psychologischer« ist als der, der normalerweise für die anthropologische Analyse von Hexenglauben und Zauberei gewählt wird) unterstellt, daß jedes soziale Verhalten von Bedeutung immer auch eine affektive (d. h. »psychische«) Dimension hat. Es ist unmöglich, das Phänomen der Geisterbesessenheit im besonderen oder Religion ganz allgemein zu verstehen, ohne diese Tatsache zu sehen und ihr Rechnung zu tragen.

Hexenglauben von innen und von außen

I

Im vorangegangenen Kapitel habe ich das Phänomen der Geisterbesessenheit unter dem Aspekt der Soziologie des Hexenglaubens beleuchtet. Dieses Kapitel erwidert das Kompliment, daß heißt, diesmal wird der Hexenglauben unter dem Aspekt untersucht, den wir für die Besessenheitskulte entwickelt haben. Wie sich zeigen wird, erhellen sich beide Vorgehensweisen gegenseitig.

Das wird sofort deutlich, sobald wir uns einem bestimmten, schwer erklärlichen Problem bei der Untersuchung des Hexenwahns zuwenden – dem Umstand, daß sich Individuen gelegentlich aus eigenem Antrieb der Hexerei bezichtigen. Insbesondere in Westafrika ist seit langem bekannt, daß Menschen gelegentlich von sich aus bekennen, Hexen oder Hexer zu sein und andere behext zu haben. Dieses Phänomen, bei dem der Beschuldiger und der Beschuldigte ein und dieselbe Person sind, hat man als »introspektiven Hexenglauben« bezeichnet (Field, 1960; Ruel, 1970). Wie sich gezeigt hat, läßt es sich in der eingebürgerten strukturfunktionalistischen »anthropologischen« Theorie des Hexenglaubens, die von starken sozialen Spannungen bei den betreffenden Individuen ausgeht (und deshalb im Grunde genommen eine psychologische Theorie ist – s. Lewis, 1977), kaum unterbringen. Diese Theorie unterstellt, daß das Opfer von Mißgeschicken sich in der Weise Linderung verschafft, daß es einen Feind (die Hexe oder den Hexer) beschuldigt, er habe ihm dieses Unglück angehext. Derartige Selbstbezichtigungen, bei denen Beschuldiger und Beschuldigter dieselbe Person sind, passen offensichtlich schlecht in dieses Schema und müssen deshalb auf andere Weise erklärt werden.

Auf der Grundlage des im 2. Kapitel vorgestellten Erklärungsansatzes von peripheren Besessenheitskulten hat nun R. W. Wyllie (1973) eine überzeugende Analyse des introspektiven Hexenglaubens in Westafrika vorgelegt, die sich, wie ich meine, auch auf andere Regionen anwenden läßt. Nach dem von ihm untersuchten Material aus Südghana handelt der Hexer oder die Hexe gegen den eigenen Willen;

sie werden durch ein »inneres Feuer« (Zauberkraft) dazu getrieben, andere zu gefährden.

»Die Personen, die sich selbst der Hexerei bezichtigen, sind zumeist Frauen; es wird allgemein geglaubt (und durch diese Selbstbeschuldigungen bestätigt), daß ihre Zauberkraft gleich der von Kindhexen grundsätzlich zerstörerisch und gegen die Gemeinschaft gerichtet ist. Diese Menschen behaupten häufig von sich, sie hätten Krankheiten oder den Tod von Kindern herbeigeführt (im allgemeinen der eigenen, gelegentlich aber auch der Kinder ihrer Brüder oder Schwestern), indem sie die Lebenskraft oder Seele *(nkra)* des Opfers im Geist verschlungen hätten« (Wyllie, 1973, S. 76).

Typisch ist etwa eine angstvolle Mutter, die vom Hexendrang besessen ist, ihr eigenes Baby zu verletzen oder zu töten.

Die Behandlung dieser Fälle (durch traditionelle Priester, Hexenbanner oder Propheten) ist ein langwieriger Prozeß. Manche Bekenntnisse werden beim Besuch eines Heiligtums abgelegt, wo die Patientin unter Umständen eine Zeitlang »hospitalisiert« wird. Während der gesamten Dauer der Behandlung dieser kulturspezifischen Ausdrucksform einer Krankheit, die in England unter der landläufigen Bezeichnung »baby-bashing syndrome« bekannt ist, wird die Hexe regelmäßig von Verwandten und Freunden besucht, die bestimmte vom Heiler verschriebene Speisen mitbringen. Die Kosten der Behandlung werden in der Regel unmittelbar dem Ehemann der Hexe aufgebürdet. Die Heilung besteht nach Wyllie

»in der persönlichen Anerkennung, Rücksicht und Anteilnahme durch den Ehemann und die Verwandten, die mit ihrer Unterstützung ihre Wertschätzung gegenüber der Kranken sowie den Wunsch zum Ausdruck bringen, diese möge ihren alten Platz als ein geachtetes Mitglied der Familie wieder einnehmen.«

Obgleich die Frau, die sich der zerstörerischen Impulse gegenüber ihren Kindern bezichtigt, sich selbst in die stereotype Rolle der »bösen Mutter« begibt, schützt der unfreiwillige Charakter ihres bösen Tuns sie vor Tadel. Die Parallelen zu unserer Darstellung peripherer Besessenheitskulte fallen unmittelbar ins Auge und bedürfen kaum noch der weiteren Erläuterung.

Selbstverständlich wird man nicht so weit gehen zu

behaupten, alle Fälle einer Selbstbezichtigung als Hexe folgten diesem Muster. Aber wenn auch die volle Bedeutung und die Verbreitung des introspektiven Hexenglaubens noch der weiteren Untersuchung bedürfen, so zeigt sich doch schon jetzt, daß dieses Phänomen eine Art Zwischenglied zwischen Geisterbesessenheit und Hexerei bildet, das die Berechtigung eines gemeinsamen soziologischen Zugangs zu beiden Formen einer mystischen Aggression bestätigt. Unter diesem Blickwinkel verstehen wir periphere Besessenheitskulte, »introspektive« Hexerei und (wie wir es nennen wollen) »extrovertierte« Hexerei und Zauberei als Reaktionen auf einen Leidenszustand, die gleichzeitig auf Probleme in mitmenschlichen Beziehungen verweisen. Da diese unterschiedlichen Formen einer mystischen Aggression die Krankheit durch übermäßig belastete oder zerstörte mitmenschliche Beziehungen erklären, sollten wir zunächst überprüfen, ob diese unterschiedlichen Reaktionen auf eine unglückliche Situation sich innerhalb einer bestimmten Kultur oder Gesellschaft gegenseitig ausschließen.

Forscher, die sich dieser Frage unter kosmologischem Blickwinkel nähern, werden sie wahrscheinlich positiv beantworten. So gelangt etwa Nadel in seinen Betrachtungen über den Schamanismus in den Nubabergen im Sudan zu dem Schluß:

> »Bei den Nyima ist die Hexerei unbekannt. Der Schamanismus absorbiert alles, was unvorhersehbar und moralisch unbestimmt ist, und bewahrt die Vorstellung von einem geordneten Universum vor inneren Widersprüchen« (Nadel, 1946, S. 34).

Andere Anthropologen vertreten eine ähnliche Auffassung, wenn sie behaupten, Menschen, die daran glauben, Geister könnten ihnen aus purer Bosheit einen Schaden zufügen, hätten zur Vervollständigung ihres Weltbildes wohl kaum die Vorstellung von bösen Hexen nötig (s. Mair, 1969, S. 30).

Dies ist eine extrem enge Anwendung funktionalistischer Hypothesen auf Kosmologien und Weltbilder, die allerdings recht typisch ist für die seltsame, aber nur allzu verbreitete anthropologische Annahme, Kulturen und soziale Systeme seien so ökonomisch und rigide ausgestaltet, daß sie für Alternativen, Verdoppelungen oder Wiederholungen keinen Platz lassen. Die Fakten widersprechen hier jedenfalls dieser Annahme. In vielen Kulturen existieren sowohl Hexenglauben als auch der Glaube an eine Besessenheit durch böse Geister, wie sie hier zur Debatte steht, nebeneinander. Das gilt zum Beispiel für die Venda, Kamba, Lenje, Zulu, Pondo, Tonga, Luo, Lugbara, Nyoro und Taita – um nur einige verstreute afrikanische Beispiele zu nennen, über die man sich jederzeit mühelos informieren kann. Gerade die häufige Verbindung von Hexenglauben und Hausgeistern – oft vom der besessenen Person entgegengesetzten Geschlecht – ist ein offensichtliches Anzeichen dafür, daß diese mystischen Kräfte nicht als sich gegenseitig ausschließend innerhalb einer Gesellschaft oder Kultur betrachtet werden können. Außerdem braucht man gar nicht weit zu suchen, um auf schlagende Beispiele für die Koexistenz von Hexenglauben und Geisterbesessenheit zu stoßen. Unsere eigene christliche Kultur des 16. und 17. Jahrhunderts ist überreich an Beispielen für Hexen, deren böse Macht eng verknüpft war mit aggressiven Geistern und Dämonen.

Somit liegt es auf der Hand, daß diese beiden Mächte in zahlreichen Kulturen nebeneinander bestehen und gelegentlich zu einer Zwittererscheinung verschmelzen, was beim »introspektiven« Hexenglauben tatsächlich der Fall ist. Daß sie sich auf der Ebene einzelner Kulturen keineswegs gegenseitig ausschließen müssen, läßt jedoch durchaus die Möglichkeit zu, daß sie *innerhalb* einer bestimmten Gemeinschaft unterschiedliche Begleiterscheinungen haben oder in unterschiedlichen sozialen Situationen auftreten. Das legt die folgende Hypothese nahe: Wenn periphere Besessenheitskulte und introspektiver Hexenglauben in ähnlichen sozialen Zusammenhängen angetroffen werden und ähnliche Wirkungen hervorbringen, dann ist zu erwarten, daß »extrovertierter« Hexenglauben (das verhexte Opfer beschuldigt eine andere Person der Hexerei) in gegensätzlichen auftritt. Das erscheint um so wahrscheinlicher angesichts des Unterschieds zwischen Besessenheit und introspektivem Hexenglauben als *indirekten* Strategien des Angriffs einerseits und nach außen gerichteten Bezichtigungen der Hexerei als direkter Angriff andererseits.

Tabelle 1. Sozialer Kontext von peripherer Besessenheit und Hexerei

Volk	Periphere Geisterbesessenheit Kontext ist häusl. Bereich; Frauen gegen Männer	Hexerei (Zauberei) Kontext ist allgemeine Feindseligkeit, auch von Nebenfrauen
Akamba, Nyoro, Lenje, Taita, Luo, Venda, Zulu, Tonga	ja	ja
Lugbara	?	ja
Gurage	ja*	?

* und untergeordnete Fuga gegenüber freigeborenen Guragemännern

In Tabelle 1 sind einige leicht zugängliche Daten einer Anzahl afrikanischer Stämme zusammengestellt. Diese scheinen die Annahme zu bestätigen, daß Besessenheit einerseits und Hexenwahn gegenüber Dritten andererseits in der Regel in unterschiedlichen sozialen Kontexten auftreten. Bei den in der Tabelle erfaßten Beispielen bleibt die unfreiwillige Besessenheit durch unberechenbare periphere Geister hauptsächlich auf den häuslichen Bereich beschränkt, wo sie von abhängigen Frauen gegenüber ihren Männern eingesetzt wird; gelegentlich, wie bei den Gurage in Äthiopien, tritt sie auch bei sozial niedrigstehenden Männern auf, die sie als Mittel benutzen, um auf Höherstehende Druck auszuüben. Demgegenüber erfolgen Beschuldigungen Dritter wegen Hexerei und Zauberei anscheinend innerhalb eines weiteren Interaktionsfeldes und in einem allgemeinen Kontext von Groll und Feindseligkeit vor allem zwischen Gleichrangigen oder zwischen Vorgesetzten und Untergebenen. In den Fällen, in denen solche Beschuldigungen von einem sozial Unterlegenen gegenüber einem Höherstehenden erhoben werden (wie bei dem unbeliebten Lugbara-Ältesten), scheint die Absicht zu sein, die bestehende Machtverteilung in Frage zu stellen und letztlich den Höhergestellten in Verruf zu bringen, ihn von seinem Sockel zu stürzen und soziale Gleichheit zu beanspruchen. Genauer gesagt nimmt innerhalb des polygynen Familienzusammenhangs die Rivalität zwischen den Nebenfrauen häufig die Form einer Beschuldigung wegen Zauberei an; in Konflikten zwischen Ehegatten dagegen sucht die Frau Zuflucht in der Geisterbesessenheit (oder im introspektiven Hexenglauben), während der Ehemann dazu neigt, seine Frau der Hexerei zu bezichtigen.

Ich behaupte zwar nicht, daß diese Unterschiede absolut gelten, aber immerhin weisen diese Befunde nach meinem Dafürhalten in zwei Richtungen: Sie lassen vermuten, daß die indirekte Strategie der Geisterbesessenheit und des introspektiven Hexenglaubens versucht, einer leidvollen Situation abzuhelfen, indem sie Ansprüche auf Zuwendung und Zeichen der Beachtung durch eine höhergestellte Person erhebt, ohne jedoch die ungleiche Beziehung zwischen beiden völlig in Frage zu stellen. Mit ihr wird eine Auflehnung zum Ausdruck gebracht, die jedoch nicht so weit geht, daß die Beziehung aufgelöst oder gänzlich zerstört würde. Sie setzt durch Frustration aufgestaute Aggressionen innerhalb des Status quo frei. Demgegenüber sind Beschuldigungen Dritter wegen Hexerei und Zauberei als eine viel direktere Form der Aggression der Ausdruck einer Feindseligkeit zwischen gleichrangigen Rivalen oder zwischen einer höher- und einer tiefergestellten Person (wobei sich die Wirkungsweise der Geisterbesessenheit in diesem Fall umkehrt), und häufig verfolgen sie den Zweck, eine unerträglich angespannte Beziehung aufzulösen (s. Marwick, 1965). Wo also beide Strategien in derselben Kultur als Alternativen auftreten, stellt die periphere Geisterbesessenheit (oder der introspektive Hexenglauben) im allgemeinen eine schwächere, weniger zerstörerische Konfliktstrategie dar.

Diesen Unterscheidungen entspricht, daß Besessenheitszustände bei Frauen normalerweise für die Ehemänner keinen unmittelbaren Anlaß zur Scheidung geben, während Beschuldigungen, die Ehefrau sei eine Hexe, dem Ehemann einen Grund zur Scheidung liefern können. So gab es beispielsweise bei den Ba-Venda in Südafrika in den zwanziger Jahren kaum Ehescheidungen, und einem Scheidungsbegehren wurde nur unter besonderen Umständen, wenn etwa eine Ehefrau der Hexerei beschuldigt wurde, stattgegeben (Stayt, 1931, S. 152).

Einen Hinweis auf die relative Stärke und Schärfe der beiden Angriffsstrategien liefert auch der folgende Umstand: Wenn bei den Venda eine periphere Geisterbesessenheit zum Tod der besessenen Frau führte, konnte ihr Ehemann seine Schwiegermutter beschuldigen, eine Hexe zu sein, und eine Entschädigung einfordern, die ihm auch zuerkannt wurde (Stayt, 1931, S. 305).

Schließlich bin ich überzeugt, daß sich dieselben regelmäßigen Gegensätze zwischen den beiden Typen mystischer Macht auch auf der kosmologischen Ebene nachweisen lassen. Hexerei und Zauberei werden für gewöhnlich gleichgesetzt mit Inzest und Untergrabung oder gar Umkehrung aller allgemein anerkannten moralischen Werte. In den Augen der Mehrheit der Bevölkerung stellen sie die Negation der Moral und aller normalen sozialen Beziehungen dar. Die peripheren Geister hingegen, mit denen wir uns hier beschäftigen, sind zwar ebenfalls böse, werden jedoch häufig in weit weniger düsteren Farben gemalt. Vor allem sind sie unberechenbar und boshaft und suchen den Menschen ohne jeden Anlaß heim, den man unmittelbar mit sozialen Beziehungen oder moralischen Annahmen in Verbindung bringen könnte. Im Grunde genommen verkörpern sie eher ein amoralisches als ein unmoralisches Prinzip: Sie stehen außerhalb der Gesellschaft und bewohnen eine eigene Welt, wenn diese auch der menschlichen nachgebildet ist. Sie schweifen zumeist frei durch die Natur und sind keinerlei menschlichen Zwängen unterworfen; sie treiben sich wild im Busch herum, sind ungebunden, unmenschlich und dringen von außerhalb in die Gesellschaft ein, in der sie dann ihr Unwesen treiben. Das alles steht offenbar in Einklang mit den übrigen Unterschieden, die wir zwischen den beiden Formen eines mystischen Angriffs festgestellt haben.

II

Bislang bin ich von der Hypothese ausgegangen, daß Geisterbesessenheit und Hexenglauben, sofern beide nebeneinander innerhalb derselben Kultur bestehen, in verschiedenen sozialen Kontexten auftreten und unterschiedliche soziale Auswirkungen haben, auch wenn diese Unterschiede zugegebenermaßen nur gradueller Natur sein mögen. In vielen Gesellschaften sieht die Sache jedoch nicht so einfach aus, da die beiden Phänomene sich zumindest in bestimmten Bereichen häufig zu einer Zwittererscheinung verbinden.

So gibt es beispielsweise bei den Lugbara in Uganda zwei verschiedene Klassen von Wahrsagern (Middleton, 1969). Die eine besteht ausschließlich aus Männern, die von Middleton als »oracles« (weise Männer/Propheten) bezeichnet und bei Krankheiten zu Rate gezogen werden, die als eine von den Ahnen verhängte Strafe für begangene Sünden gedeutet wird. Die zweite Gruppe, ausnahmslos Frauen oder homosexuelle Männer, ist für die Heilung von Krankheiten zuständig, deren Ursache in Hexerei oder Zauberei vermutet wird. Im Gegensatz zu den heterosexuellen Männern der ersten Gruppe werden die homosexuellen Wahrsager bei ihrem Tun von peripheren Geistern heimgesucht und inspiriert. Aus den von Middleton bereits früher veröffentlichten Daten geht für mich nicht eindeutig hervor, ob es bei den Lugbara auch zu Besessenheitszuständen aufgrund von ehelichen Spannungen kommt, wie wir sie hier besprochen haben, aber es ist sicherlich bezeichnend, daß hier geisterbesessene Frauen als Wahrsagerinnen in Fällen von Zauberei und Hexerei herangezogen werden, die häufig bei einer Lineage-Teilung auftreten und eine Schwächung der Autorität von anerkannten Führern zur Folge haben (Middleton, 1960). Bei den Lugbara ist diese von Geistern inspirierte Wahrsagerei angeblich neueren Datums. Dies läßt die Vermutung zu, daß sie als eine Art spiritueller feministischer Bewegung aufgefaßt werden kann, die den Sinn hat, neue und bedeutsame Möglichkeiten des sozialen Aufstiegs für Frauen zu erschließen.[1]

Ob diese Deutung stichhaltig ist oder nicht, jedenfalls werden hier Geister im Kampf gegen Hexen aufgeboten; ob die Wahrsagerinnen unter Umständen selbst in den Verdacht der Hexerei oder Zauberei geraten, ist noch nicht geklärt. In einer Reihe anderer Fälle steht diese Tatsache jedoch außer Zweifel. In Bunyoro zum Beispiel, wo, wie aus einigen von Beatties (1961, S. 24) Fallstudien hervorgeht, periphere Geisterbesessenheit als Wiedergutmachungsmechanismus zwischen Ehegatten wirkt, tritt dieselbe Besessenheit auch bei einer bestimmten Form der Zauberei und bei der Wahrsagerei auf (Beattie, 1963, S. 44 f.). Hier können »professionelle Zauberer und Zauberinnen«, die ihre Dienste der Allgemeinheit anbieten, zugleich auch geisterbesessene Wahrsager und Wahrsagerinnen sein, während die Zauberei entweder durch den Gebrauch feindselig-mächtiger *mahembe*-Hörner oder durch Arzneien und

Verfahren getrieben wird, unterstützt durch Medien, die von peripheren Geistern fremder Herkunft besessen sind.[2] Diese letzteren »schwarzen« Geister scheinen durch ihre wachsende Zahl allmählich die »weißen« *mbandwa*, die Cwezi-»Heldengötter« der früheren legendären Herrscher Bunyoros, zu verdrängen.

Auch bei den Luo in Kenia, wo Michael Whisson (1964) einen klar abgegrenzten Besessenheitskult bei den Frauen beobachtet hat, können die Wahrsagerinnen von solchen Geistern besessen sein und Krankheiten sowohl heilen als auch verursachen. In diesem Fall werden verheiratete Frauen regelmäßig von Besessenheitszuständen heimgesucht, üben auf diese Weise einen Druck auf ihre Ehemänner aus und erlangen nach einiger Zeit selbst den Status von geisterbesessenen Wahrsagerinnen. Diejenigen, denen es auf diese Weise gelingt, die Geister zu bändigen, können diese jedoch auch dazu gebrauchen, ihre Zauberkraft gegen andere einzusetzen. Weitgehend dasselbe gilt offenbar auch für die von Earthy (1933, S. 196 ff.) beschriebenen Lenje, wo die Frauen sich gegen ihre Männer durch Geisterbesessenheit zur Wehr setzen, nach einiger Zeit ebenfalls zu einer Herrin der Geister aufsteigen und sowohl als Wahrsagerinnen als auch als Zauberinnen (oder Hexen) wirken können. Demgegenüber betreiben die Männer ihre Wahrsagekunst im Kontext des Ahnenkults.

Bei der Bearbeitung dieser und ähnlicher ethnographischen Daten unterscheidet man zweckmäßig zwischen zwei verschiedenen Phasen im Verlauf der Krankheitsgeschichte. In der »Primärphase« setzen die Frauen die »unfreiwilligen« und unkontrollierten Besessenheitszustände im häuslichen Bereich wiederholt als Mittel ein, um den Belastungen und Schwierigkeiten ihres ehelichen Daseins zu begegnen, für die sie ihre Männer verantwortlich machen. Diese Belastungen werden durch Geschenke, besondere Gesten der Versöhnung und der Aufmerksamkeit von Seiten der Ehemänner etwas gemildert. In der »Sekundärphase« sind diese Frauen durch ihre Mitgliedschaft in einem regelmäßig zusammenkommenden Zirkel besessener Frauen oder in einer entsprechenden Kultgemeinschaft zur Herrin ihrer Geister aufgestiegen. Nunmehr wirken sie als Therapeutinnen und Wahrsagerinnen und übernehmen auf diese Weise eine aktive Rolle, die leicht dazu führen kann, daß sie der Hexerei oder Zauberei beschuldigt werden. Die Faktoren, die den Übergang in die Sekundärphase auslösen, können mit einer radikalen Änderung der familiären Situation zusammenhängen (etwa durch eine Scheidung oder einen Trauerfall) oder mit einem bestimmten Stadium des Entwicklungszyklus der Familie. In jedem Fall ist zu vermuten, daß die feindseligen Reaktionen, die während der Primärphase der Besessenheit bei den Ehemännern ausgelöst werden, in der Regel erst in der Sekundärphase wirklich virulent werden, in der die besessenen Frauen ihre Geister beherrschen und dadurch die Rolle einer Gebieterin einnehmen, wodurch die männliche Autorität bedroht oder herausgefordert wird. Daher erklärt sich die Annahme, diese Wahrsagerinnen seien möglicherweise Zauberinnen (oder Hexen); daher auch die Gleichsetzung von kontrollierter Geisterbesessenheit und Wahrsagekunst in Verbindung mit Zauberei (oder Hexerei).

Wir sollten sogleich hinzufügen, daß diese Umwandlung von peripherer Geisterbesessenheit in Zauberkraft sich nicht auf wiederkehrende Phasen innerhalb des familiären Entwicklungszyklus beschränkt. Sie kann auch mit sozioökonomischen Veränderungen zusammenhängen, die den relativen Status von Männern und Frauen in einem historischen und letztlich irreversiblen Entwicklungsprozeß betreffen. Wie Susan Reynolds Whyte (1981) bemerkt, geht es hier letztlich um einen Dialog zwischen männlichen und weiblichen Diskursen der Macht. Dies wird besonders gut sichtbar im Bedeutungswandel des *avambakali*-Geisterkults der Bashu in Zaire (Packard, 1980). Im Verlauf tiefgreifender wirtschaftlicher und politischer Veränderungen, die in mancher Hinsicht die Freiheitsspielräume der Frauen zu Lasten der Männer erweitert haben, sind diese kannibalischen Buschgeister zu Instrumenten weiblicher, gegen die Männer gerichteter Hexerei geworden. In dieser Form eines mystischen Angriffs sind es die *Männer,* die von solchen hexerischen Geistern besessen werden, wobei sich im Verlauf der Diagnose und Behandlung ein unmittelbarer Zusammenhang mit besonders benachteiligten Frauen abzeichnet. Das Zwangsmittel der Hexereianklage ist allerdings in diesem Kontext keineswegs ein sicheres Mittel zur Wiedererlangung der männlichen Vorherrschaft.

III

Bislang war unser Thema die Besessenheit durch periphere Geister als eine Reaktion auf eine Anspannung, die in unterschiedlichen sozialen Kontexten erlebt wird, sowie ihre Institutionalisierung als Mittel des Heilens und der Wahrsagerei durch Frauen, die damit Gefahr laufen, zugleich auch als Hexen angeprangert zu werden. In anderen Kulturen läßt sich noch eine weitere Form des Zusammenhangs zwischen Hexerei und Geisterbesessenheit beobachten.

Bei den Pondo in Südafrika zum Beispiel besteht ein unzweideutiger Zusammenhang zwischen Hexerei und Besessenheit durch böse periphere Geister. Die Hexerei wird in der Regel von Frauen ausgeübt, die von obszönen Hausgeistern besessen sind, den *tokoloshe,* mit einem grotesk vergrößerten Penis, durch deren böse Macht sie widerrechtlich Leben und Eigentum anderer zerstören können (Hunter, 1936). Der hierfür gebrauchte Begriff der Hexerei ist eng verwandt mit der Vorstellung, wie sie in Europa zwischen dem 15. und 17. Jahrhundert über das Hexenwesen im Schwange war – Hexen, aus denen die Dämonen sprechen, von denen sie besessen sind. Wie damals in Europa wird auch hier die Besessenheit durch solche Schutzgeister als ein Beweis für Hexerei angesehen. Bei den Pondo wird jedoch anscheinend kein Unterschied gemacht zwischen einer »primären« Besessenheit innerhalb der Familie und Hexerei allgemein; d. h., es gibt keine spezialisierte weibliche Besessenheit, die sich von Hexerei unterscheiden und innerhalb des ehelichen Kontexts gegen den Ehemann einsetzen ließe. Gleichzeitig spielen bei den Pondo die Frauen aber auch eine wichtige Rolle als Wahrsagerinnen, welche die Hexerei bekämpfen. In diesem Fall werden sie allerdings nicht von peripheren Geistern besessen (= Hexerei), sondern von ihren Ahnen. Auf diese Weise wird eine unzweideutige begriffliche Unterscheidung getroffen zwischen zwei verschiedenen Kategorien von Geistern, je nachdem, ob die von ihnen besessenen Wahrsager und Wahrsagerinnen selbst Hexerei betreiben oder ob sie diese bekämpfen, wobei in beiden Fällen in der Hauptsache Frauen betroffen sind. Eine gegen die Gemeinschaft gerichtete Bösartigkeit wird jenen peripheren Geistern zugeschrieben, die sich der Hexen bemächtigen; die der Gemeinschaft nützlichen Wahrsager und

Wahrsagerinnen verdanken ihre Macht den Ahnen, welche die althergebrachte Moral aufrechterhalten. Diese Wahrsagerinnen agieren somit als Hilfspriesterinnen im wichtigsten Ahnenkult der Pondo zur Stützung der Gemeinschaftsmoral.

Diese ausgeprägte Polarität zwischen den Quellen der Hexerei und den auf sie zurückgeführten Krankheiten einerseits und der von den Ahnen beseelten Wahrsagerinnen andererseits findet eine recht ähnliche Parallele bei den Gussi (Levine, 1963). Weitgehend dasselbe gilt allgemein im christlichen Äthiopien (Levine, 1965, S. 68 ff.) und in den von Lieban (1967) beschriebenen philippinischen Gemeinschaften, wo die Zauberer von bösen peripheren Geistern und die Wahrsager und Heiler von guten Geistern besessen sind, die Bestandteil des wichtigsten »Moralkultes« sind. In diesem Fall ist der Kult der des römischen Christentums und weist nicht nur morphologische Ähnlichkeiten, sondern auch unmittelbare historische Verbindungen mit der älteren europäischen Tradition auf. Hier möchte ich nur noch einmal darauf hinweisen, daß das europäische Hexenwesen in seiner entwickelten Form auch die Besessenheit durch Teufel einschloß, während die Macht, die Besessenen zu behandeln und ihre satanischen Geister auszutreiben, in den Händen kirchlicher Exorzisten lag, die von Christus und dem Heiligen Geist beseelt waren. In der Praxis wurde diese ideologisch starre Trennung in jenen nicht allzu ungewöhnlichen Fällen aufgehoben, in denen die Exorzisten selbst den Teufeln zum Opfer fielen, die sie austreiben wollten.

Demnach gibt es offenbar wenigstens zwei unterschiedliche Muster eines Zusammenhangs zwischen Hexerei (oder Zauberei) und Geisterbesessenheit. Im ersten Fall ist die Besessenheit durch periphere Geister die Ursache sowohl der Hexerei als auch der hexenfeindlichen Wahrsagerei und Therapie, des Leidens als auch des Heilmittels dagegen. Im zweiten Fall verleihen die peripheren Geister lediglich hexerische Zauberkraft, während die Wahrsagekunst sich Mächten verdankt, die unmittelbar die gesellschaftliche Moral stützen. Das erörterte Material läßt die Vermutung zu, daß dort, wo die periphere Geisterbesessenheit eine spontan einsetzende, *unkontrollierte* Primärphase hat (wie im häuslichen Kontext), ihr *kontrollierter* Gebrauch bei der Wahrsagerei diese automatisch mit Hexerei in Verbindung bringt. Da die Geisterbesessenheit sowohl für gute (Wahrsagerei) als auch für böse Zwecke (Zauberei) eingesetzt werden kann, besteht keine Notwendigkeit, die Mächte der herrschenden Moral als alternative Quellen divinatorischer und therapeutischer Inspiration herabzubeschwören. Wo indessen der Anschein vorherrscht, daß die besessene Person nicht das hilflose Opfer der Geister ist, sondern diese aktiv zu Hilfe gerufen hat und sie demnach *kontrolliert*, dort wird es erforderlich, die Mächte der herrschenden Moral für die Wahrsagerei und die Heilung anzurufen. Im ersten Fall begegnet man Besessenheitszuständen letzten Endes in der Weise, daß der (böse) Geist gebändigt und gezähmt, d. h. unter Kontrolle gebracht wird. Wo dieser Fall vorliegt, werden diejenigen, die Geister beherrschen und Besessene behandeln können, automatisch als Hexen verdächtigt. Im anderen Fall wird die periphere Geisterbesessenheit durch die Austreibung des Geistes behandelt, ohne diesen zuvor zu zähmen, und das erfordert die Anrufung höherer mystischer Mächte.

Für ein besseres Verständnis der Aktivitäten des leidenden Individuums, das einen möglichst vorteilhaften Ausweg aus seiner Bedrängnis sucht – durch das Medium der Geisterbesessenheit, »introspektiven Hexenglauben« oder durch die Beschuldigung Dritter, eine Hexe zu sein –, ist es unter Umständen vorteilhafter, die kulturell verankerten Ausdrücke »Geisterbesessenheit« und »Hexerei« über Bord zu werfen und stattdessen von verdeckten und offenen mystischen Angriffen zu sprechen.

Es klingt vielleicht seltsam, das Handeln des Beschuldigers und nicht das des Beschuldigten als »mystischen Angriff« zu bezeichnen. Aber letzten Endes ist es der Beschuldiger und nicht die der Hexerei bezichtigte Frau, der den Prozeß in Gang setzt, und es ist zweifellos die »Hexe« (die »extrovertierte Hexe«), gegen die die öffentliche Meinung mobilisiert wird und die schließlich das Opfer der Handlungen der Gemeinschaft wird.

IV

Wenn wir uns für diesen breiteren analytischen Ansatz entscheiden (der einen weiteren Schritt auf dem Weg einer komparativen Analyse bedeutet und sich von Evans-Pritchards partikularistischer Unterscheidung zwischen »Hexerei« ⟨*witchcraft*⟩ und »Zauberei« ⟨*sorcery*⟩ entfernt), dann wird deutlich, daß Hexerei und Anschuldigungen wegen Hexerei nicht die einzigen Modalitäten eines unverhüllten Angriffs darstellen. Auch das Verfluchen gehört hierher und kann moralisch gerechtfertigt sein. Nunmehr passen auch die bislang widersprüchlichen Aspekte der Rolle des Lugbara-Ältesten zusammen, der einerseits legitimerweise den Fluch des Ahnen anruft und andererseits der Hexerei verdächtig ist, und wir können auch jene anderen Fälle einer legitim gebrauchten »Hexenkunst« besser verstehen, die von Anthropologen häufig übersehen oder mißdeutet werden (s. Harwood, 1970). Klassische afrikanische Beispiele für diese situationsspezifische – positive oder negative – Definition dessen, was wir umgangssprachlich als Charisma bezeichnen, umfassen den Begriff *tsav* der Tiv, ein Wachstum, das dem Herzen zugeschrieben wird (Bohannan, 1957); die »Pythonmacht« der Nyakyusa, die ihren Ort im Magen hat (Wilson, 1951), und den Begriff *itonga* der Safwa, der hervorragend von Harwood (1970) untersucht wurde. Sie alle repräsentieren mystische Kräfte, die von den anerkannten Oberen positiv, im »nationalen Interesse« mobilisiert werden. Aber wenn die alten Autoritäten von der Gemeinschaft nicht mehr unterstützt werden und ihre Herrschaft verlieren, dann werden diese Kräfte als ihr böses Gegenstück umdefiniert – sie werden zu gemeinschaftsschädigender, selbstsüchtiger Hexerei.

Wie Wyatt Mac Gaffey (1970, 1972 und 1980) bemerkt hat, kommt es auch in großen, zentralisierten Staaten Afrikas bei der königlichen Macht immer wieder zu einer Umkehrung des moralisch gutzuheißenden und deshalb positiven Gebrauchs mystischer Macht im »öffentlichen Interesse«; in diesem Fall wird aus ihr der moralisch verwerfliche Mißbrauch zu gemeinschaftsschädigenden »Privatinteressen« (= Hexerei). Wie in der früheren Erörterung des komplexen Zusammenhangs zwischen Geisterbesessenheit und – introspektiver bzw. extrovertierter – Hexerei müssen wir auch hier die kontextabhängige moralische Relativität und Unbestimmtheit dieser Kräfte betonen, vor allem wenn sie phänomenologisch scheinbar völlig unabhängig voneinander sind. So gibt es in der christlich-synkretistischen Religion des haitianischen Vodu zauberkräftige *Nadeln*, die mit todähnlichen Zombies verbunden sind und ehrgeizige Personen in die Lage versetzen, ihren Erfolg auf Kosten anderer zu sichern. Diesen antisozialen Kräften stehen die guten Familiengeister gegenüber – die »Unsichtbaren« *(loa)*, die aus Afrika kommen, dem Ursprung aller guten Dinge. Wenn jedoch ein Mann stirbt, dann wird sein persönlicher Vorrat an magischen Nadeln (je nach seinen Leistungen oder seinem Charisma) zu einem seiner Hinterlassenschaft für die Erben zugeschriebenen Bestandteil. Sie gehen auf diese Weise in den Familienbesitz über und – da sie nunmehr ein gemeinschaftliches Eigentum darstellen – werden automatisch in *positive* Macht als wohlwollende »Unsichtbare« transformiert (Larose, 1977). Da sich der Kontext im Lauf der Zeit vom individuellen zum kollektiven Interesse verschiebt, werden auf diese Weise *kulturelle* magische Gegenstände zu einer *Natur*religion.

Wir sehen also, daß jene »Hexerei«, bei der sich die »Hexe« selbst bezichtigt, im Hinblick auf ihre sozialen Konsequenzen als eine verdeckte Form des mystischen Angriffs mit peripherer Geisterbesessenheit in einem Zusammenhang steht. Aber die Geisterbesessenheit hängt ihrerseits durch die Rolle des positiven Wahrsagers mit »Hexerei« in ihrer klassischen »extrovertierten« Form (in der die »Hexe« von Dritten beschuldigt wird) zusammen. Der positive Aspekt der letzteren ist wiederum legitime mystische Macht. Positives Charisma, so können wir vielleicht sagen, ist die willkommene Seite der Hexerei, und Hexerei ist die unwillkommene Seite des Charismas[3] – jene korrupte Macht, wie sie von Lord Acton in einem berühmten Aphorismus charakterisiert wurde: »Macht korrumpiert, und absolute Macht korrumpiert absolut«.

Der Kochtopf des Kannibalen

I

Anthropologen sind häufig erstaunlich gutgläubig und unkritisch gegenüber Schilderungen von Kannibalismus. Bei anderen Themen bestehen wir, wo immer dies möglich ist, auf einer eigenen Beobachtung als methodischer Vorbedingung; wenn es hingegen um Menschenfresserei geht, werden wir manchmal überraschend nachlässig und geben uns häufig mit Darstellungen aus zweiter Hand zufrieden, wie unlängst der amerikanische Anthropologe William Arens gezeigt hat.[1] Das führt immer wieder zu einer Verwechslung der Idee des Kannibalismus mit dessen tatsächlicher Praxis. Offenbar verleihen derartige anthropologische Studien den seit langem bestehenden und tief eingewurzelten westlichen Auffassungen von einem verbreiteten Kannibalismus bei »primitiven« Stammesvölkern eine zusätzliche Legitimität. Sie setzen damit implizit die Tradition Freuds fort, der in seiner kosmischen Erzählung *Totem und Tabu* auch den Kannibalismus heranzog, um seine Theorie des Urinzests auszuschmücken. In der Freudschen Version des Ödipusmythos befreiten sich die aufbegehrenden Söhne, indem sie ihren tyrannischen Vater erschlugen, und feierten das Ereignis, indem sie ihn *verzehrten.* Die darauffolgende regelmäßige rituelle Schlachtung und Verspeisung des Totemtieres, das an die Stelle des getöteten Vaters trat, erinnerte an den ursprünglichen Akt des vatermörderischen Kannibalismus und wiederholte ihn zugleich. Nach Freud (1950 : 142) markierten diese hypothetischen Ereignisse den entscheidenden Wendepunkt in der Evolution des Menschen. Von da an war der Weg frei für den großartigen Vormarsch des Fortschritts aus der wilden Natur in die höher entwickelte Kultur.

Andere Völker als Kannibalen zu bezeichnen ist keine europäische Erfindung oder allein dort üblich. Wie wir sehen werden, ist die Verwendung der Bezeichnung »Kannibale« eine der am meisten verbreiteten Methoden, mit der Menschen der unterschiedlichsten Kulturen und Regionen sich von anderen jenseits des eigenen Horizonts abgrenzen. Doch hat es mit dem Kannibalismus weit mehr auf sich als nur dies. Durch seine Verbindung mit der rohen Natur gibt uns die Vorstellung des Kannibalismus eine Reihe von Metaphern an die Hand, mit denen sich die Themen Macht, Herrschaft und Unterwerfung in bestimmten historischen und kulturellen Konstellationen ausdrücken lassen. Mit dieser Ambivalenz kann das Etikett »Kannibale« von Untergebenen benutzt werden, um damit ihre Vorgesetzten zu bezeichnen. Unter diesen Umständen kann der Begriff ein Gefühl der Schwäche verraten: er wird nicht unbedingt in einer Weise gebraucht, die für den schmeichelhaft wäre, der ihn im Munde führt. Im folgenden Beitrag werde ich dieser Doppeldeutigkeit im Bild des Kannibalen nachgehen und die These vertreten, daß es seine Wirkmächtigkeit und Anziehungskraft aus ganz intimen Körpererfahrungen bezieht, die allen menschlichen Wesen gemeinsam sind.

II

Den Ausgangspunkt meiner Überlegungen bildet die Erfahrung, daß man mich selbst einmal für einen Kannibalen gehalten hat. Ich kann mich noch lebhaft daran erinnern, wie ich während einer Fahrt durch eine abgelegene Gegend im damaligen Nordrhodesien (heute Sambia) über das Mißtrauen und die Furcht in Erstaunen geriet, mit der afrikanische Fußgänger auf meine Angebote reagierten, sie ein Stück weit in meinem Landrover mitzunehmen. Sie verschwanden einfach im Busch. Da ich mir ihr Verhalten nicht erklären konnte, bat ich Dorfbewohner aus der näheren Umgebung und afrikanische Freunde, die ich gut kannte, um Aufklärung. Es stellte sich schnell heraus, daß die Lösung des Rätsels in der damals weitverbreiteten Annahme lag, viele Europäer seien Vampire, die unschuldigen Afrikanern das Blut aussaugten und ihr Fleisch äßen.

Ähnliche Vorstellungen von einem Kannibalismus der Europäer existierten auch in Ost- und Südafrika sowie im Kongo, wo die furchteinflößende Gestalt des weißen Vampirs als »der Mann mit der Lampe« bekannt war. Im Kongo hatte eine ahnungslose europäische Firma vor kurzem Büchsenfleisch in Dosen angeboten, auf denen gutgenährte, strahlende afrikanische Babys abgebildet waren. Dieses Produkt war kein Verkaufsschlager!

Eine ganz ähnliche Reaktion erfolgte, nachdem in Nordrhodesien billiges Dosenfleisch mit der Aufschrift »For African Consumption« auf den Markt gekommen war. Der unselige britische Plan, Nord- und Südrhodesien mit Njassaland (heute Malawi) zu einer Zentralafrikanischen Föderation zu vereinigen, hatte unter der afrikanischen Bevölkerung tiefes Mißtrauen und Unruhe hervorgerufen. Die in Nordrhodesien und Njassaland lebenden Afrikaner befürchteten, daß mit der geplanten Föderation das in Südrhodesien bereits bestehende Muster einer Herrschaft der Weißen auch auf ihr Territorium ausgedehnt und daß insbesondere das in ihrem Eigentum befindliche Land von weißen Siedlern in Beschlag genommen werden könnte. In dieser Atmosphäre des Argwohns verbreiteten sich bald Gerüchte, die Büchsen mit der Aufschrift »For African Consumption« enthielten Menschenfleisch, das eigens zu dem Zweck zubereitet worden sei, um den afrikanischen Widerstand gegenüber der unpopulären Politik einer Föderation zu brechen. Ein europäischer »District Commissioner« verzehrte öffentlich dieses Fleisch, um so diese Befürchtungen zu zerstreuen und zu demonstrieren, daß es harmlos war. Paradoxerweise hatte dieses Schauspiel jedoch den Effekt, die Überzeugung der Afrikaner, die Europäer seien Kannibalen, eher zu bestätigen als zu widerlegen. Die öffentliche Meinung der Afrikaner zu dieser Frage ließ sich auch nicht dadurch umstimmen, daß etwa zur selben Zeit ein Afrikaner von einem europäischen Gericht in Njassaland verurteilt wurde, der versucht hatte, einem Europäer zwei wohlgenährte Kinder für dessen Weihnachtsessen zu verkaufen![2]

In manchen Regionen Afrikas ließ sich eine schwache Verbindung rekonstruieren zwischen der Überzeugung, daß die Europäer Dracula-ähnliche Kannibalen seien, und Aufrufen zum Blutspenden bei Stämmen, denen dieses Verfahren noch unbekannt war. Außerdem gab es natürlich schon lange vor der Ankunft der europäischen Kolonisatoren eine Tradition von Glaubensvorstellungen der einheimischen Bevölkerung im Hinblick auf Kannibalen und Menschen, die sich in reißende Tiere verwandeln.

III

Diese Überlegungen können jedoch nicht hinreichend erklären, wieso Afrikaner die Europäer des Kannibalismus verdächtigen. Erste Ansatzpunkte einer Antwort können wir in den Ergebnissen anthropologischer Untersuchungen erkennen, die an den verschiedensten Orten und zu verschiedenen Zeiten durchgeführt worden sind. Diese zeigen, daß Kannibalismus sich nicht isoliert, sondern als Bestandteil eines umfassenderen Systems von Glaubensvorstellungen und insbesondere im Zusammenhang mit Zauberei am besten verstehen läßt. Ich möchte sogar behaupten, daß die Europäer in den Augen der Afrikaner deshalb so häufig kannibalischer Praktiken verdächtig waren, weil sie als *Hexer* angesehen wurden. Für den Afrikaner sind Zauberer und Hexen Personen, die sich zur Erlangung ihrer selbstsüchtigen Ziele auf Kosten anderer Mitglieder der Gemeinschaft unheilbringender Kräfte bedienen. Wenn jemand Erfolg hat, wo andere versagen, wird er leicht in den Verdacht geraten, Zaubermittel zu gebrauchen, um seinen Vorteil zu sichern. In ihrer extremen, negativen Form ist Zauberei der Inbegriff des Bösen und droht, das normale soziale Leben zu untergraben und zu verderben. Für diejenigen, die an Magie glauben, ist deshalb der Hexer oder die Hexe mit einer Anzahl von Gegeneigenschaften ausgestattet, jenen gesellschaftsfeindlichen Lastern, die das Gegenbild der einzelnen sozialen Tugenden darstellen. Zum Stereotyp des Zauberers gehören deshalb in der Regel sexuelle Abweichungen, Inzest und, was für unseren Kontext besonders wichtig ist, Kannibalismus. »Hexer essen Menschen«, wie die Nso in Kamerun kurz und bündig behaupten.[3]

Dieses Bild, das auf anthropologischen Studien von Kulturen beruht, die an Zauberei glauben, hebt deren negativen Aspekt hervor. Es bedarf indessen einer Korrektur. Die Menschen, die diesem Glauben anhängen, sind nämlich auch davon überzeugt, daß die mystischen Kräfte, die es ehrgeizigen, skrupellosen einzelnen ermöglichen, mehr zu erringen als ihren gerechten Anteil an den Segnungen des Lebens, unter anderen Bedingungen im allgemeinen Interesse gebraucht werden können. Was die Anthropologen demnach aus anderen Kulturen als »Hexerei« übersetzen, erweist sich bei näherem Hinsehen als etwas seinem ganzen

Wesen nach Ambivalentes. Englische Anthropologen verwenden im allgemeinen den Begriff »Medizinmann« *(witch-doctor)* für einen Experten, der über das Wissen und die Macht verfügt, Zauberei zu bekämpfen. Es zeigt sich immer wieder, daß diejenigen, die als gesellschaftlich anerkannte Medizinmänner höchste Achtung genießen, zugleich verdächtigt werden, ihren Erfolg dem Umstand zu verdanken, daß sie eigentlich Hexer sind. Diese Ambivalenz läßt sich besonders gut am Beispiel der Glaubensvorstellungen der Nyakyusa in Tansania illustrieren: Die Stammesältesten schützen ihre Gefolgschaft vor Angriffen mittels einer moralisch guten mystischen Kraft, die sich in ihrem Magen befindet und die Gestalt einer Pythonschlange hat. Gleichzeitig sind Hexer und Hexen selbstsüchtige Menschen, deren mystische Bösartigkeit ebenfalls auf der »Pythonkraft« beruht.[4] Ähnlich glauben die weniger zentralisierten Tiv in Nigeria, daß Individuen mit außergewöhnlichen Kräften oder Fähigkeiten diese Gaben einer Substanz namens *tsav* verdanken, die in ihrem Körper auf dem Herzen wächst. Dieser Kraftquell ist eigentlich neutral. Er wird positiv als etwas moralisch Gutes bewertet, wenn er dem allgemeinen Interesse dient. Wird er hingegen für eigensüchtige Zwecke und auf Kosten anderer eingesetzt, so erwirbt er negative Qualitäten, und es wird behauptet, ein Mensch, der sich so verhält, habe sein *tsav* mit Menschenfleisch genährt. Das ist die Definition einer Hexe oder eines Zauberers bei den Tiv.[5]

In stärker zentralisierten traditionellen afrikanischen Staaten und Königreichen wie z. B. dem Kongo waren die Herrscher mit entsprechend größerer mystischer Kraft ausgestattet. Diese hatte wie gewöhnlich positive und negative Seiten. Sie verlieh vor allem Macht über die Untertanen und Ländereien des Herrschers, deren Fruchtbarkeit von den mystischen Energien des Häuptlings abhing, die ein bestimmtes Maß nicht unterschreiten durften. In manchen Fällen bestand ein unmittelbarer Zusammenhang zwischen der sexuellen Aktivität des Herrschers und der Fruchtbarkeit der Menschen und des Landes. Bei den Bemba in Sambia führten die Häuptlinge des herrschenden Krokodilclans (die bei den Untertanen als aggressiv kannibalisch gelten) regelmäßig mit ihren Frauen einen rituellen Geschlechtsakt aus, um die Fruchtbarkeit ihres Landes und der Bewohner zu fördern.[6]

Erst vor diesem Hintergrund können wir die afrikanische Überzeugung verstehen, daß die Europäer kannibalische Zauberer seien. Ihre überlegene Militär- und Ziviltechnik, deren Ursprünge unbekannt und häufig mysteriös waren, ihre wunderbare Heilmedizin, die christliche Religion, die ihnen das Selbstbewußtsein verlieh, Recht und Gesetz in die eigene Hand zu nehmen, obwohl sie weit in der Minderzahl waren – all dies legte zwangsläufig den Schluß nahe, daß die Europäer über einen ganz besonderen Hort mystischer Kraft verfügten. Wenn bestimmte Seiten der europäischen Kolonialherrschaft als vorteilhaft empfunden wurden, so galt das für andere sicherlich nicht, und die Ausübung von Macht in jeglicher Form erzeugte in jedem Fall ein Ressentiment gegen die neuen Herrscher. Der argwöhnische Verdacht der Afrikaner gegenüber den finsteren Quellen der europäischen Macht erhielt neue Nahrung durch die Art und Weise, wie Europäer auf traditionelle afrikanische Glaubensvorstellungen im Hinblick auf Hexerei reagierten. Mit der Begründung, Hexer oder Hexen gebe es nicht, hatten die europäischen Kolonialverwalter jeden mit einer Strafe bedroht, der jemanden der Hexerei beschuldigte oder deswegen bestrafte. Folglich *mußten* die Europäer Zauberer sein oder doch wenigstens deren Freunde. Daß den Europäern (einschließlich der Anthropologen) kannibalische Zauberkräfte zugeschrieben wurden, ist somit letzten Endes weniger rätselhaft, als es zunächst den Anschein hatte.[7]

IV

Die entsprechende Neigung professioneller Anthropologen zu glauben, daß die von ihnen erforschten Menschen Kannibalen seien oder mit solchen in Verbindung stünden, wird in ein besonders helles Licht gerückt, wenn wir anthropologische Studien über Zauberei mit solchen über Kannibalismus vergleichen. William Arens, dessen Kritik an leichtgläubigen Anthropologen bereits erwähnt wurde, bemerkt das eigenartige Paradox, daß trotz des zwischen beiden Phänomenen bestehenden Zusammenhangs Anthropologen zwar Berichten über Zauberei keinen Glauben schenken, wohl aber solchen über Kannibalismus. Beim Thema Zauberei neigen die Anthropologen, wie wir gesehen haben, zu einer gewissen Einseitigkeit und sehen im beschuldigten *Hexer* und nicht im *behexten* Ankläger das eigentliche Opfer des Angriffs. Aus der Perspektive derer, die an Zauberei glauben, wäre das so, wie wenn man eine Bande von Jugendlichen, die eine alte Frau brutal überfallen, als das eigentliche Opfer der Tat ansähe.

Die unterschiedliche Akzentuierung und Interpretation in diesen beiden Bereichen läßt sich gut am Beispiel der klassischen Untersuchung Evans-Pritchards über Religion und Magie bei den Zande im Südsudan und im Kongo verdeutlichen.[8] Diese Arbeit bietet eine hervorragende Darstellung der vielfältigen Formen von Konflikt und Rivalität, die darin zum Ausdruck kommen, daß die einzelnen Individuen ihre Feinde beschuldigen, sie verhext zu haben. Während Evans-Pritchard unmöglich die Realität der Hexerei akzeptieren kann, steht die Realität der Beschuldigungen wegen Hexerei außer Frage, denn diese lassen sich unmittelbar beobachten, und die damit verbundenen diagnostischen Rituale und Gegenmaßnahmen können bis in die letzte Einzelheit festgehalten werden. Interessanterweise führen Evans-Pritchards eigene Zweifel auch dazu, daß er höchst präzise das komplexe und anregende Thema des Skeptizismus bei den Zande in einer Weise untersucht, die einen auffälligen Kontrast zu seiner Untersuchung der Nuer bildet (die ihm zweifellos persönlich nahestanden), wo er dasselbe Thema im Kontext der theistischen Glaubensvorstellungen dieses Volkes mit weit geringerem Aufwand und Enthusiasmus behandelt.[9] Während Evans-Pritchard also den angeblichen Zauberkräften bei den Zande von vornherein skeptisch gegenüberstand, war er in der Frage des Kannibalismus bei den Zande weit zurückhaltender. Obwohl er frühere Berichte über diese Praxis einer vernichtenden Kritik unterzog, hielt er es dennoch für unklug, entsprechenden Behauptungen überhaupt keinen Glauben zu schenken, und zwar nach seinen eigenen Worten aus dem Grund, weil »es keinen Rauch ohne Feuer gibt«.

Auch hier kommt es wie immer auf die genaue Wiedergabe und Übersetzung der Aussagen eingeborener Gewährsleute an, was auch Evans-Pritchard als den entscheidenden Punkt der anthropologischen Feldforschung gesehen hat. Und wie eine neuere österreichische Untersuchung der mystischen Glaubensvorstellungen der Zande unzweifelhaft belegt, bezieht sich das Zande-Wort *kawa*, das mit

»Menschenfleisch« übersetzt und als Beweis für Kannibalismus betrachtet wurde, hauptsächlich auf den Bereich der Hexerei.[10] Der Hexer oder die Hexe fällt über das Opfer her, dem seine Lebenskraft *(kawa)* entzogen wird, welche in den meisten Fällen in einem Topf verschlossen an einen Baum gehängt wird. Wird *kawa* gekocht und verzehrt, kann das behexte Opfer nicht mehr gesunden. Wenn es jedoch nicht bis zu diesem unwiderruflichen Akt kommt, d. h., *kawa* nicht gekocht und verspeist wird, kann der Hexer oder die Hexe dazu gezwungen werden, diese Lebensessenz wieder von dem Baum zu lösen und dem verzauberten Opfer zurückzugeben, das so seine Genesung erlangt. Seltsamerweise wird in Evans-Pritchards berühmtem Buch über die Hexerei bei den Zande weder das Wort *kawa* erwähnt noch dieser wichtige Zusammenhang zwischen Hexerei und Kannibalismus untersucht. Eine solche Verknüpfung wird nur beiläufig angesprochen, ist jedoch unzweifelhaft durch einen Text belegt, den Evans-Pritchard folgendermaßen übersetzt hat: »Hexer erheben sich und schlagen ihre Hexentrommel. Das Trommelfell ist aus Menschenhaut. Ihr Trommelruf lautet: ›Menschenfleisch, Menschenfleisch, Menschenfleisch‹.«[11]

Dieser auffällige Unterschied in der anthropologischen Untersuchung der beiden zusammenhängenden Phänomene – Zauberei und Kannibalismus – und die übertriebene Bereitschaft des Anthropologen, ironischerweise in jenen Kannibalen erkennen zu wollen, die uns Europäer als Menschenfresser sehen, läßt sich natürlich nicht auf derselben Ebene erklären wie unsere zentralafrikanischen Beispiele. Als ein dem Funktionalismus verpflichteter Anthropologe kann Arens gar nicht anders, als eine funktionalistische Erklärung für die merkwürdigen Vorlieben seiner Kollegen anzubieten. Nach ihm hat die Bezeichnung »Kannibale« einen Hauch von Exotik. Somit gewinnt die Anthropologie als Erforschung von Kannibalenvölkern einen merkwürdigen Reiz. Zugleich haben Anthropologen ein berufliches Interesse, ihre privilegierte Rolle als lizenzierte Mittler und Dolmetscher zwischen ihrer westlichen Welt und den exotischen fremden Kulturen beizubehalten, wobei die letzteren – durch das ihnen angeheftete Stigma des Kannibalismus – die Grenzen der westlichen Zivilisation markieren (vgl. Freud).

Arens treibt sein Argument sogar so weit, daß er in

Zweifel zieht, ob es Kannibalismus überhaupt je gegeben hat. Damit ignoriert er allerdings so wohlverbürgte Fälle wie den der Maori, die noch in den dreißiger Jahren des vorigen Jahrhunderts einen rituellen Kannibalismus praktizierten.[12] Zwar enthält seine Kritik an der Zunft der Anthropologen, insbesondere der amerikanischen, einen wahren Kern. Doch kann die von ihm angebotene Erklärung sicherlich nichts zur Beantwortung der Frage beitragen, warum Menschen andere Menschen als Kannibalen bezeichnen, obwohl diese kein Menschenfleisch essen. Es kann nicht befriedigen, darin allein eine theoretische Kategorisierungsmöglichkeit zu sehen, eine bloße Markierung, mit der die »Zivilisierten« von den »Unzivilisierten« geschieden werden. Wenn Menschen die Handlungen anderer als kannibalisch bezeichnen, so bedeuten derartige Äußerungen mehr als nur eine Etikettierung. Um die Gründe für die universelle Faszination zu finden, die der Kannibalismus nicht nur auf die Anthropologen und die von ihnen untersuchten Völker, sondern auf alle fraglos ausübt, müssen wir unsere Aufmerksamkeit auf die Körpersymbolik richten. Wir müssen feststellen, wie weit die biologischen Funktionen unseres Körpers einen fruchtbaren Nährboden für bedeutungsträchtige Symbole bilden.

V

Wenn wir uns dem Kannibalismus unter diesem Blickwinkel nähern, so ist zunächst festzuhalten, daß dieser als Idee oder als Praxis seinen allgemeinsten Kontext im Ritual hat. Hier, wo eine tabuisierte, negativ sanktionierte Handlung – das Braten von Menschenfleisch – eine positive Bedeutung annimmt, ermöglicht der rituelle Verzehr von Teilen des menschlichen Körpers, etwas von dessen Lebenskraft in sich aufzunehmen. Ritueller Kannibalismus ist demnach eine besondere Form der Kommunion. Trotz seiner blutigen Begleitumstände ist er von innen betrachtet ein Sakrament, nicht ohne Analogien zu unserer eigenen christlichen Tradition. Durch den wunderbaren Vorgang der Transsubstantiation verzehren die Kommunikanten in der Eucharistie das Fleisch und Blut Jesu Christi in der Gestalt von Brot und Wein. Die von Malinowski untersuchten Trobriander praktizieren eine noch direktere und unheimlichere Form eines Gedenkkannibalismus.[13] Der Körper eines verstorbenen Mannes wird von seinen Söhnen und anderen (nicht matrilinearen) Verwandten exhumiert und zerstückelt. Trotz ihres körperlichen Widerwillens wird von ihnen erwartet, ihre kindliche Ergebenheit dadurch zu zeigen, daß sie an dem verwesenden Fleisch des von ihnen zerstückelten Leichnams saugen. Die Knochen werden als Reliquien aufbewahrt, die an den Toten erinnern, und schließlich ehrfurchtsvoll in trockene Blätter gewickelt und auf Felsvorsprünge hoch über dem Meer gelegt.

Dies ist ein Sonderfall, bei dem Kannibalismus mit einem Gedenkritual verbunden wird. In typischeren Situationen, in denen kein Ersatz oder symbolisches, sondern richtiges Menschenfleisch verzehrt und eine unmittelbare Identität zwischen dem Esser und dem Verzehrten hergestellt wurde, stammte das Opferfleisch häufig von männlichen Kriegsgefangenen. Ein ähnlich grausames Schicksal konnten auch Sklaven erleiden. Ein Beispiel hierfür sind die Maori, deren Kannibalismus in einen Kontext der rituellen Kriegführung eingebettet war, bei der das Essen von Menschenfleisch dem Verzehr von Fischen und Vögeln im Rahmen des Jagdrituals entsprach. Männer, die bei kannibalischen Festen verzehrt werden sollten, wurden als »Fische« bezeichnet, wobei den ersten »Fisch« ein Häuptling verspeiste, der auf diese Weise die Herrschaft über das Land der Besiegten erwarb. Es wird auch berichtet, siegreiche Maori-Häuptlinge hätten ihr *mana* vermehrt, indem sie die Augen ihrer Feinde verschluckten.

Ähnliche Themen finden sich in Berichten über den Kannibalismus der Amazonas-Indianer, wofür die Tupi in Brasilien ein klassisches Beispiel liefern.[14] Bei diesem Stamm, der wie viele andere Stämme seine Feinde heiratete, wurde ein Kriegsgefangener »Geliebter« genannt. Solche Gefangene wurden festlich bewirtet und genossen die sexuelle Gunst der unverheirateten Frauen, bevor sie rituell geschlachtet und in einer feierlichen Kommunion verzehrt wurden. Hier stoßen wir erneut auf das sexuelle Thema, dem wir bereits bei der Hexerei begegnet sind. Das ist kein Zufall. Ich bin überzeugt, daß wir die Faszination des Kannibalismus und seine Verwendung zur Etikettierung anderer und zur Deutung ihrer Handlungen nur verstehen können, wenn wir diesen sexuellen Aspekt gebührend berücksichtigen.

Es ist allgemein bekannt, daß Essen und Sexualität nahe verwandte Erscheinungsformen einer intimen sozialen Interaktion sind, die leicht Hand in Hand gehen. In vielen Sprachen, in gewissem Maße auch in der unsrigen, werden für Essen und Geschlechtsverkehr dieselben Ausdrücke gebraucht.[15] Verzehrt von Begierde, möchte der Liebende das Objekt seiner Leidenschaften am liebsten verschlingen. In ähnlicher Weise wird in zärtlichen Redewendungen das geliebte Objekt immer wieder mit einem verlockend einladenden köstlichen Gericht verglichen. Diese Äquivalenz oder Parallelität dieser beiden Erscheinungsformen einer Tischgemeinschaft – Essen und Sexualität – kommt in unserer heutigen Welt sinnigerweise in der auffälligen Ähnlichkeit des Formats von Handbüchern für die »Feinschmecker« der Sexualität und jenen der Kochkunst zum Ausdruck. Andere gängige Begriffe und Redewendungen im Zusammenhang mit Liebe und Sexualität wie »Eroberung« oder »zum Fressen gern haben« weisen eine deutlich aggressive Komponente auf, die sich auch im Aspekt der Konkurrenz bei überwältigender Gastfreundschaft findet.[16] »Seien Sie mein Gast!« ist letztlich ebenso eine Herausforderung wie eine Einladung. Es bedarf kaum des Hinweises auf Liebesbisse, die Vorstellung von einer *vagina dentata* oder den gegenwärtig so beliebten oralen Geschlechtsverkehr, um das Bild Draculas heraufzubeschwören, des Vampirs in Menschengestalt, der alle diese Aspekte besonders eindringlich verkörpert.

Ernest Jones hat zweifellos an diese Parallele gedacht, als er in der Vorstellung des Vampirs einen »Oralsadismus« am Werk sah. Für ihn war dies jedoch eine Regression als Folge einer verdrängten normalen (genitalen) Sexualität.[17] Eine klassische Bestätigung dieser Analyse liefert der Fall des »Kannibalen aus dem Bois de Boulogne«, der sich im Juni 1981 zugetragen hat: ein japanischer Student in Paris gestand, eine attraktive Holländerin, die seine Annäherung zurückgewiesen hatte und nicht mit ihm schlafen wollte, erschossen und verspeist zu haben.[18]

Einen derartigen Fall hätte Georges Devereux vermutlich als »Ich-Dystonie« charakterisiert.[19] Ob uns das berechtigt, Kannibalismus in der Form einer kulturell akzeptierten Praxis als »kultur-dystonisch« und als Zeichen einer generellen Kulturerkrankung zu diagnostizieren, scheint zweifelhaft. Im übrigen halte ich Ernest Jones' rigides Freudianisches Schema von Stadien der sexuellen Aggression heute für ein extremes Beispiel dogmatischen Denkens in der Psychoanalyse. Ohne die Begriffe »Regression« und »Verdrängung« zu bemühen, läßt sich auch ein flexibleres Schema denken, in dem unterschiedliche Formen der Sexualität ineinander übergehen. Unter dieser Perspektive, als Verknüpfung mit oraler und genitaler sexueller Aggression, konstituieren die Vorstellungen des Verzehrens, Einverleibens, Verschlingens und der Bezähmung wirksame Symbole der Macht. Verwurzelt in den allgemeinmenschlichen Erfahrungen des Saugens, Essens und der Sexualität, stellen sie die vermutlich umfassendste allgemeine thematische und emotionale Matrix für alles dar, was mit Kannibalismus zusammenhängt.[20] Es kann deshalb kaum überraschen, daß selbst dort, wo die Praxis des Kannibalismus verschwunden ist oder sogar nie bestanden hat, der Gedanke der Menschenfresserei in den Mythen und der Vorstellungswelt der Völker mit einer derart starken Beschwörungskraft überlebt hat.

Die Berufung des Schamanen

I

Der Begriff des Schamanen gehört zu jener besonderen Kategorie ethnographisch spezifischer Bereiche, die transkulturell, außerhalb ihrer eigenen, ursprünglichen Zusammenhänge verwendet werden. Andere solche Termini sind *Kaste, Compadrazgo, Mana, Potlatch, Tabu* und vielleicht *Totem* und *Wodu*. Diese bilden zusammen eine interessante Kategorie von ursprünglich kulturspezifischen Begriffen, deren Verwendung außerhalb ihres ursprünglichen Zusammenhangs unweigerlich zu Kontroversen und Diskussionen führt.

Obgleich sich, wie Vilmos Voigt in seiner bibliographischen Kritik zu Recht bemerkt, das »Wort Schamane und das Wort Schamanismus von Sibirien aus überall in der Welt ausgebreitet haben«[1], variiert die Geläufigkeit dieser Begriffe in den verschiedenen nationalen (und internationalen) anthropologischen Traditionen beträchtlich und ist zum Teil Ausdruck einer regionalen ethnographischen Spezialisierung. Sie finden sich allgemein in den skandinavischen[2], osteuropäischen[3] und kontinentalen Traditionen[4], seltener vielleicht in Frankreich.[5] In Italien ermutigte S. M. Shirokogoroffs klassische Darstellung des Schamanismus bei den Tungusen den einflußreichen Religionshistoriker und Literaten Ernesto de Martino, einen zur damaligen Zeit (1942) mutigen und ungewöhnlichen Angriff auf den europäischen Ethnozentrismus – im Gegensatz zur neohegelianischen Tradition seines eigenen Landsmannes und geistigen Mentors Benedetto Croce – vorzutragen.[6]

In der englischsprachigen Anthropologie besteht, wie so oft, ein ausgeprägter Gegensatz zwischen dem amerikanischen und dem britischen Wortgebrauch. Mit seinen arktischen Anklängen (Eskimo)[7], der traditionellen Vorliebe der amerikanischen Ethnologen für Indianer (die unlängst durch südamerikanische Untersuchungen verstärkt wurde) und mit dem Segen der Gründerväter wie Franz Boas[8] behält der Begriff »Schamane« in der amerikanischen Kulturanthropologie seinen sicheren Platz. Für England gilt das nicht. Hier bevorzugt die dominierende struktural-funktionalistische

Schule den Gegenbegriff der »Geistbesessenheit« und subsumiert den Schamanismus dem Begriff der »Geistmittlerschaft« *(spirit-mediumship)* (oder lehnt ihn überhaupt ab, weil er angesichts des neuen Begriffs überflüssig ist). So lassen sich im Stichwortverzeichnis von Godfrey Lienhardts kluger Darstellung der religiösen Begeisterung bei den Dinka im südlichen Sudan, *Divinity and Experience* (1961), mehr als zwanzig Hinweise auf Besessenheit finden, aber nicht ein einziger auf Schamanismus oder Schamanen. Wäre ein amerikanischer Anthropologe der Autor dieses Buches gewesen, so wäre die Terminologie eine ganz andere. Unter einer solchen ethnischen Betreuung hätten die Schamanen der Dinka sicherlich einen festen Platz in der ethnographischen Literatur erobert.

Der bekannte britische Anthropologe S. F. Nadel ist mit seiner Anwendung des Begriffs »Schamanismus« auf die religiösen Glaubensvorstellungen und Praktiken der Völker der Nubaberge im Sudan somit jene Ausnahme, welche die Regel bestätigt (obgleich man einwenden könnte, Nadel habe eine stärker »kontinental-geprägte« geistige Ausbildung als die meisten seiner altersgleichen britischen Kollegen). Die Orthodoxie aber war und ist deutlich zu erkennen. Unter den orthodoxen britischen Sozialanthropologen und der anderen Anthropologen, die von ihnen stark beeinflußt sind[9], hält die Unsicherheit über die Adäquatheit des Terminus »Schamane« an. Folglich wird er mit vornehmer Zurückhaltung behandelt und mit Widerstreben verwendet. Im Gefolge eines früheren Versuchs wie dem 1969 erschienenen *Spirit Mediumship and Society in Africa* von J. Beattie und J. Middleton umgehen auch zwei neuere Symposien[10], deren Beiträge auf englisch veröffentlicht wurden, jedoch zum Teil von französischen und amerikanischen Autoren stammen, im Titel ebenfalls den Begriff »Schamanismus« – obgleich der Terminus in den Texten durchaus auftaucht. (Natürlich könnte man darauf verweisen, vor allem nach dem Film »Der Exorzist«, daß Bücher, in deren Titel das Wort »Besessenheit« auftritt, wahrscheinlich mehr Aufmerksamkeit auf sich ziehen werden als solche mit der obskureren Überschrift »Schamanismus«.)

Dieses Zögern, die Begriffe »Schamane« und »Schamanismus« in den Grundwortschatz der britischen Anthropologie aufzunehmen, scheint auf derselben Linie zu liegen wie unsere Betonung der »komparativen Analyse, unsere Konzentration auf Gesellschaften statt Kulturen. Wir neigen zu der Annahme, durch die Verwendung externer analytischer Termini, die außer unserer eigenen englischen Tradition keine kulturelle Färbung aufweisen, erreichten wir eine höhere Präzision und Klarheit und vermieden damit eine kulturelle Verwirrung. Es wird jedoch zunehmend deutlicher, daß solche analytischen Kategorien von den exotischen Ethnographien, auf die wir sie anwenden, eine implizite kulturelle Aufladung erfahren. Selbst wenn wir ortsgebundene Kategorien nicht unmittelbar außerhalb ihres Kulturzusammenhanges anwenden, müssen wir feststellen, daß ethnographische Regionen ihren Stempel auf unser analytisches Vokabular drücken und unsere Theoriebildung beeinflussen. Der weitverbreitete, wenn auch nicht stets überzeugende Einfluß des Gebrauchs, den Evans-Pritchard von den Auffassungen der Zande über Hexerei und Zauberei oder von den Lineages der Nuer macht, verdeutlicht das Argument hinreichend[11] (s. erstes Kapitel).

Mit der vorübergehenden Ausnahme Nadels ist der einzige wichtige britische Anthropologe, der den Begriff »Schamane« verwendet hat, Raymond Firth – und zwar hauptsächlich, um damit einen fernen Punkt am Horizont zu bezeichnen. So unterscheidet Firth gewissenhaft zwischen »Geisterbesessenheit«, »Geist-Mittlerschaft« und »Schamanismus«[12]. Zur Geisterbesessenheit gehören nach Firth »Erscheinungen abnormen Verhaltens, die von anderen Mitgliedern der Gesellschaft als Beweis gedeutet werden, daß ein Geist die Handlungen einer Person kontrolliert und wahrscheinlich ihren Körper bewohnt«. Bei der »Geistmittlerschaft« liegt der Akzent auf der Kommunikation. Demgegenüber bezieht sich Schamanismus »auf solche Phänomene, bei denen eine Person, ob Medium oder nicht, als jemand angesehen wird, der Geister kontrolliert und seine Herrschaft über sie in gesellschaftlich anerkannter Weise ausübt«.

II

In diesen Unterscheidungen kommt zumindest in gewissem Maße der nachhaltige Einfluß von Mircea Eliades gewichtigem Werk *Schamanismus und archaische Ekstasetechnik* zum Ausdruck. Eliade stellt sich hier die Aufgabe, uns in die tungusische Ethnographie Sibiriens zurückzuversetzen, wohin das Wort Schamane im allgemeinen etymologisch zurückverfolgt wird[13]. In diesem Kontext ist der Schamane ein inspirierter Priester, der in ekstatischen Trancezuständen auf mystischen »Reisen« im Geist oder in der Seele zum Himmel auffährt. Dort begegnet er den himmlischen Mächten und verkehrt mit ihnen, um die Interessen seiner Mitmenschen geltend zu machen. Geisterbesessenheit hat damit nicht unmittelbar etwas zu tun. Nach Eliade »ist das spezifische Element des Schamanismus nicht die Verkörperung von ›Geistern‹ durch den Schamanen, sondern die Ekstase, welche durch die Himmels- oder Unterweltfahrt herbeigeführt wird. Die Verkörperung von Geistern und Besessenheit sind allgemein verbreitete Erscheinungen, gehören jedoch nicht notwendig zum Schamanismus im strengen Sinn«[14]. Tatsächlich können diese beiden Elemente historisch getrennt werden.

»Die Himmelsfahrt des Schamanen (ist) ein, wenn auch stark umgestaltetes, zuweilen entartetes Überbleibsel dieser archaischen Ideologie, die auf den Glauben an ein Höchstes Himmelswesen ... zentriert war ... Die Unterweltfahrten, die Kämpfe gegen die bösen Geister, doch auch die immer vertrauteren Beziehungen zu den ›Geistern‹, die zu ihrer ›Verkörperung‹ oder zur ›Besessenheit‹ führen, sind Neuerungen ...«[15]

Wir können also zwei historisch verschiedene Schichten oder Evolutionsstufen unterscheiden: erstens, den authentischen *schamanischen Aufstieg zum Himmel* und, zweitens, die untergeordnete *Besessenheit von Geistern.* Wie viele andere Autoren, die sich zu diesem Gegenstand geäußert haben, neigt Eliade dazu, den ersteren, gleichsam »reinen Schamanismus« (in der Literatur gelegentlich als »weißer Schamanismus« bezeichnet) mit den prähistorischen sibirischen Wildbeutern und somit mit der altsteinzeitlichen Höhlenkunst zu verbinden[16]. Wilhelm Schmidt vertrat den genau entgegengesetzten Standpunkt, als er behauptete, der »schwarze« Urschamanismus sei mit dem Matriarchat und der landwirtschaftlichen Produktionsweise verbunden gewesen – der höherstehende »weiße« Schamanismus mit seiner Hervorhebung der Himmelsreise habe sich erst auf einer späteren Stufe entwickelt, nämlich der des Nomadentums und des Patriarchats.[17] Ein Widerhall dieser evolutionistischen Thesen ist heute bei sowjetischen Fachleuten zu vernehmen, die – wie V. N. Basilov bemerkt hat – zu einem historischen Ansatz neigen.

Wir werden auf diese Fragen noch zurückkommen. Für den Augenblick gilt unser Interesse jenen Richtungen, in denen Eliades Antithese außerhalb eines historischen Rahmens weiterverfolgt und entwickelt worden ist. So hat der belgische strukturalistische Ethnologe Luc de Heusch, unter Vernachlässigung der evolutionistischen Untertöne, den Versuch unternommen, diese Dichotomie zwischen Himmelsauffahrt und Besessenheit zum Ausgangspunkt einer scharfsinnigen Theorie kontrastierender religiöser Erscheinungen zu machen. Schamanismus wird hier als »Auffahrtsmetaphysik« *(de-possession)* verstanden und der Besessenheit als einer Inkarnation gegenübergestellt. In Übereinstimmung mit Eliade betrachtet de Heusch beide Erscheinungen als charakteristisch für unterschiedliche Kosmologien und Religionen. Er unterscheidet zwischen »unfreiwilliger Besessenheit« von bösen Geistern, die *exorziert* werden, und »freiwilliger Besessenheit« von guten Geistern, die *verkörpert* werden. Im ersten Fall spricht er von »unechter«, im zweiten von »echter« Besessenheit.[18] Dieselben Unterscheidungen wendet de Heusch auf den Schamanismus an und schlägt folgende vierfache strukturelle Matrix vor:

Hereinnahme der Seele/des Geistes Adorizismus	Vertreibung der Seele/des Geistes Exorzismus
Schamanismus A (Schamane stellt für den Patienten die Seele wieder her, d. h., er heilt den Seelenverlust)	Schamanismus B (Schamane zieht die Ursache der Krankheit aus dem Patienten heraus)
Injektion einer neuen Seele/Wesenheit	Extraktion einer fremden Wesenheit
Besessenheit A: »echt«	Besessenheit B: »unecht«

Unter Berücksichtigung der Kritik an der übermäßigen Starrheit dieses Schemas hat de Heusch später versucht, den Übergängen zwischen diesen verschiedenen Kategorien religiöser Erscheinung nachzugehen – tatsächlich sieht er in ihnen unterschiedliche Typen der Trance[19]. Der französische Ethnomusikologe Gilbert Rouget akzeptiert diese Unterscheidungen, betont aber, daß zwar zwischen Schamanismus und Besessenheit sämtliche Übergangsformen existieren, die Unterscheidung dennoch »fundamental« bleibe.[20]

In einer Anzahl von Gemeinschaftsuntersuchungen, die in ihrer neuen, an eine breite Leserschicht gerichteten Arbeit ihren Höhepunkt erreichte, hat Erika Bourguignon einen ähnlichen Weg verfolgt und nach Korrelationen gesucht zwischen unterschiedlichen Typen von Ekstasezuständen und verschiedenen Gesellschaften oder sozialen Formationen.[21] Ihr Ausgangspunkt ist de Heuschs Unterscheidung zwischen *echter* und *unechter* Besessenheit, die von ihr als »positive« bzw. »negative« Besessenheit bezeichnet werden. Sie bemerkt zutreffend, daß Trance und Bessenheit nicht notwendig identisch sind, und betrachtet Besessenheit ohne Trance (B) und Besessenheit mit Trance (BT) als entgegengesetzte religiöse Phänomene, die mit unterschiedlichen Formen der gesellschaftlichen Organisation verbunden sind. Die Angaben aus G. P. Murdocks *Ethnographic Atlas* wurden dazu verwendet, festzustellen, in welcher Weise sich Gesellschaften, in denen Besessenheit (B) auftritt, von anderen Gesellschaften unterscheiden, in denen Besessenheit in Verbindung mit Trance (BT) beobachtet wird. Die Autorin gelangt zu dem statistisch abgesicherten Schluß, daß »B-Gesellschaften insgesamt weniger komplex sind als BT-Gesellschaften«. Außerdem widmen sich »B-Gesellschaften« hauptsächlich der Jagd, dem Sammeln und dem Fischfang, während »BT-Gesellschaften« stärker vom Ackerbau oder von der Tierhaltung leben. Diesen Gegensatz führt sie wenig überzeugend auf unterschiedliche Praktiken der Kindererziehung zurück, die »Selbständigkeit, Unabhängigkeit, Initiative und Leistungsmotivation« bei den Jägern und Sammlern fördern, *nicht* jedoch bei Gesellschaften, die Ackerbau oder Weidewirtschaft betreiben. Da Bourguignon offenbar Besessenheit (und nicht Besessenheits-Trance) mit Schamanismus verbindet, treiben wohl Eliades frühe schamanische Jäger im Hintergrund ihr Wesen.[22]

Obgleich sie (in der Behandlung ihrer Daten allerdings etwas mechanisch) systematischer verfährt, geht Bourguignon in dieselbe Falle wie de Heusch und befindet sich hier zugleich in der Gesellschaft von Mary Douglas.[23] Douglas' Versuche, das Problem von Schamanismus und Besessenheit in den Griff zu bekommen, weisen denselben grundlegenden Fehler auf, nämlich eine vereinfachende Verdinglichung von kulturellen Kategorien und religiösen und emotionalen Phänomenen. Douglas nimmt an, daß sich ganze Gesellschaften nach der Intensität ihrer positiven oder negativen Einstellung zur Besessenheit kategorisieren lassen. Nach ihren Aussagen haben die Nuer des südlichen Sudan Angst vor Trance und halten sie für gefährlich. Die benachbarten Mandari fürchten sich noch mehr vor dem Besessensein von Geistern. Demgegenüber empfangen die Dinka, will man Mary Douglas glauben, Trancezustände mit offenen Armen und schätzen sie als segensreiche Erfahrung. Diese Abstufungen von kulturell verfestigten Einstellungen (die von Douglas verdinglicht werden) sollen nun mit entsprechenden Abstufungen in dem Schema »Gruppe und Netz« korrelieren – unbestimmte Begriffe, mit denen Douglas den Einfluß *(hold)* beschreiben möchte, den verschiedene Gesellschaften auf individuelle Mitglieder ausüben.

In diesem »Testfall« hält Douglas die gesellschaftliche Organisation der Mandari für wesentlich integrierter und von stärkeren Einschränkungen für deren einzelne Mitglieder geprägt als die der Dinka, die ein lockeres Gefüge aufweist. In ihrem Schema liegen die Nuer in der Mitte zwischen diesen beiden Extremen. Sie selbst beschreibt es etwas verkürzt folgendermaßen: »Bei den Mandari ist die Gruppe am stärksten; bei den Nuer ist die Gruppe schwächer und dafür das Netz am stärksten; bei den Dinka sind Gruppe und Netz schwächer als bei den Nuer.« (Douglas 1970, S. 96). Wie jeder weiß, der sich mit den etsprechenden ethnographischen Befunden einigermaßen vertraut gemacht hat, ist diese impressionistische Einschätzung von Unterschieden in der politischen Organisation dieser drei Nilotenvölker höchst fragwürdig. Was den formellen Charakter der politischen Organisation und des Gruppenzusammenhalts angeht, wäre es einleuchtender, die Dinka zwischen die Nuer (das Paradebeispiel für einen dezentralisierten Egalitarismus) und die Mandari einzuordnen, die schließlich alle in kleinen Häuptlingsgruppen organisiert sind.

Wir sollten uns allerdings nicht in der Erörterung eines Sachverhalts verlieren, der für Mary Douglas lediglich der ethnographischen Veranschaulichung dient.

Ihr Grundgedanke ist hierbei, daß lose strukturierte Bedingungen Trance und Besessenheit begünstigen, während fest integrierte Strukturen diese überwundenen Formen von Religiosität benachteiligen. Allgemeiner ausgedrückt – dem Durkheimschen Prinzip der »symbolischen Wiederholung« folgend – entspricht religiöses Empfinden unmittelbar den gesellschaftlichen Bedingungen, von denen es erzeugt wird. In Übereinstimmung mit der *American Culture and Personality School* von Whiting, Child und anderen, auf die Bourguignon sich ausdrücklich beruft, nimmt Douglas implizit an, daß undifferenzierte emotionale Haltungen ganzen *Gesellschaften* zugeordnet werden können, als wären diese *Individuen* mit besonderen und prognostizierbaren Persönlichkeitseigenschaften.

Diese Verdinglichung ist zweifellos ein eingefleischtes Laster von Sozial- und Kulturanthropologen, wenn sie auch nicht immer bis zu solchen Extremen getrieben wird. Wenn das Volk, das wir untersuchen, zu einer bestimmten Zeit, einen bestimmten Glauben oder Brauch nicht kennt (z. B. Geisterbesessenheit oder Schamanismus) und dessen Vorhandensein bei seinen Nachbarn mit Widerwillen oder Belustigung registriert, nehmen wir munter an, daß »unser Volk« unmöglich die betreffende Sitte entwickeln oder übernehmen konnte. Denn dies wäre ganz unvorstellbar und würde all seinen grundlegenden kulturellen Vorstellungen zuwiderlaufen etc. So etwa denken und beteuern wir unentwegt. Auf diese Weise präsentieren wir immer wieder Bilder von Kosmologien in unwandelbaren, statischen Begriffen, die solche (bizarren) Neuerungen wie Geisterbesessenheit und Schamanismus undenkbar machen. Ein solches Vergehen ist eigenartig, um nur das zu sagen, da Besessenheit oftmals das Eindringen fremder Geister bedeutet und bei Völkern auftritt, die zuvor von diesem Phänomen noch keine aufgezeichnete Kenntnis hatten!

Herzlichen Dank

für Ihr Interesse an diesem Athenäum-Buch. Gerne informieren wir Sie über unser weiteres Programm. Bitte geben Sie Ihre Wünsche an:

Politik/Zeitgeschichte/ Sozialwissenschaften	4	Geschichte/Kultur-geschichte/Ethnologie	1	Musik/Theater/ Literatur	8
Kunst/ Architektur	8	Theologie/ Judaica	7	Philosophie	6
Psychologie/ Pädagogik	3	Literatur- und Sprachwissenschaft	2	Altertums-wissenschaft	9

Name, Vorname

Straße, PLZ/Ort

Beruf Datum

(Bitte in Druckbuchstaben schreiben!)

III

Dieser Exkurs über vorschnelle Verdinglichung sollte verdeutlichen, daß alle Merkmale, die ausgesondert wurden, weil sie angeblich separate Phänomene bezeichnen, die mit entgegengesetzten (vergangenen oder gegenwärtigen) Gesellschaftsformationen verbunden sind, in Wahrheit innerhalb ein und desselben Kulturzusammenhangs auftreten. Das läßt sich an den unterschiedlichsten Kulturen zeigen. Ich möchte mich hier allerdings auf das Beispiel der Tungusen beschränken. Jeder, der sich die Mühe macht, Shirokogoroffs 1935 erschienenes Meisterwerk über tungusischen Schamanismus, *The Psychomental Complex of the Tungus*, zu lesen, wird feststellen, wie oberflächlich und vereinfachend jene Abhandlungen über Schamanismus und Besessenheit sind. Wie Bourguignon unterscheiden die Tungusen zwischen Besessenheit (B) und Besessenheit mit Trance (BT) (und Trance ohne Besessenheit), und wie de Heusch zwischen erwünschter und unerwünschter Besessenheit durch gute und böse Kräfte. Diese unterschiedlichen Haltungen gegenüber Trance und Besessenheit, von denen Douglas behauptet, sie seien für drei unterschiedliche nilotische Gesellschaften typisch, können also zusammen innerhalb einer *einzigen* Kultur, der der Tungusen, auftreten.

Alle diese Eigenarten, in denen andere Autoren separate und selbständige Weisen der Religiosität gesehen haben, sind in Wirklichkeit konstitutive Elemente des heterogenen schamanischen Komplexes. Innerhalb dieses Kontexts (denn die Merkmale sind nicht auf ihn beschränkt) entspricht der Gegensatz, den Bourguignon und de Heusch zwischen »*negativen*« und »*positiven*« Besessenheitserfahrungen konstruieren, lediglich verschiedenen Phasen in der Übernahme der Schamanenrolle. Und, wenn de Heusch und Eliade es gestatten, Besessenheit wird auch nicht durch Schamanismus notwendig ausgeschlossen, noch ist sie diesem entgegengesetzt. Kehren wir zu Shirokogoroff zurück, bei dem es heißt:

> »In allen tungusischen Sprachen bezieht sich der Begriff (Schamane) auf Personen beiderlei Geschlechts, die Geister bemeistert haben, die nach ihrem Willen diese Geister in sich hereinnehmen können und ihre Macht über die Geister zu ihrem eigenen Nutzen gebrauchen, indem sie vor allem anderen Menschen helfen, die

unter den Geistern leiden; durch eine solche Fähigkeit können sie über eine Vielzahl besonderer Methoden verfügen, mit den Geistern umzugehen.«[24]

Oftmals verkörpert der Schamane die Geister (welche die seines Klans sein können) auf Dauer; sie können sich allerdings bemerkbar machen, wenn er sich während einer öffentlichen Seance in Trance befindet, »schamanisiert«, wie Shirokogoroff es ausgedrückt hat. Der Körper der Schamanen ist für die Geister ein Tempel oder Tabernakel, ein Gefäß oder Behältnis, was Shirokogoroff etwas merkwürdig als Unterkunft *(placing)* bezeichnet und insbesondere von einer Ikone unterscheidet.

Die therapeutische Berufung kündigt sich in der Regel durch eine traumatische Erfahrung in Verbindung mit einem hysterieähnlichen Verhalten an, das als unkontrollierte Besessenheit gedeutet wird, und sie wird im Gefolge dieser Erfahrung angenommen. »Der Schamane kann seinen Werdegang mit einer Psychose beginnen, aber er vermag seine Funktionen nicht auszuführen, wenn er sich nicht selbst beherrschen kann.«[25] Die Tungusen, darauf weist Shirokogoroff besonders hin, unterscheiden zwischen einer Person, die von Geistern besessen ist, und Geistern, die vom Schamanen besessen werden. Niemand, fügt er hinzu, gilt als Schamane, wenn er nicht Macht über die Geister hat und sie nicht nach seinem Willen in seinen Körper hereinnehmen oder sie aus ihm vertreiben kann. Zu Beginn seiner Laufbahn muß er zumindest einen Geist haben, mit dessen Hilfe er andere Geister beherrschen kann. »Niemand kann als Schamane angenommen werden, wenn er nicht sichtbar zur Ekstase – einem halbdeliranten hysterischen Zustand – fähig, d. h., wenn er nach europäischen Begriffen nicht ›anormal‹ ist.«[26] Dieser ekstatische Zustand wird mit Hilfe bestimmter Techniken erreicht: Konzentration der Gedanken durch unbewegliches Starren in einen Messingspiegel (der als »Geisterunterkunft« gilt); Trommeln und Singen; das Inhalieren von harzigem Rauch; das Trinken »eines großen Bechers Wodka« und das Rauchen von Tabakspfeifen.[27] Die bei der schamanischen Seance beteiligten Geister und ganz allgemein die Geister in der tungusischen Kosmologie können nicht einfach als »gut« oder »böse« eingeordnet werden, da die Tungusen (anders als Douglas, Bourguignon und andere ethnozentristische Anthropologen) Geister nicht in dieser Weise unterscheiden. Shirokogoroff verweist besonders darauf, daß jeder Geist gutartig, bösartig oder neutral sein kann, je nach den Umständen und der Behandlung und insbesondere je nachdem, ob er auch nach Meinung der lokalen Gruppe von einem Schamanen »bemeistert« wird oder nicht.

Während Eliade den Schwerpunkt auf das Thema des mystischen Fluges in die »Oberwelt« legt, betont Shirokogoroff stärker die spirituellen Reisen des Schamanen in die »Unterwelt«.[28] Shirokogoroff berichtet, daß bei allen tungusischen Stämmen oft schamanisiert wird, wo es um *keinen* der beiden Bereiche, sondern im Gegenteil darum geht, Geister *in dieser Welt* zu beherrschen. Er führt folgende Beispiele an: die Befreiung einer Person von den Geistern eines feindlichen Schamanen oder Clans oder von fremden Geistern, die Befreiung eines Clans von einem Angriff durch Geister, die Vertreibung und Beherrschung bösartiger Geister sowie die Weissagung der Ursachen des Befallenseins mit Unterstützung der Hilfsgeister des Schamanen. Das Wesen der Schamanenrolle liegt nach Shirokogoroff in der Fähigkeit, daß der Schamane potentiell gefährliche Geister in den eigenen Körper hereinnimmt und diese dadurch neutralisiert oder »meistert«. Diese Kraft der Geisterbeherrschung kann natürlich mit dem Alter und im Wettbewerb mit rivalisierenden Schamanen verlorengehen, da die betreffenden Beurteilungen bei den verschiedenen Tungusenclans ganz auf der öffentlichen Meinung beruhen. Obwohl er auch Ausnahmen anführt, behauptet Shirokogoroff, daß der ekstatische Schamane, der Geister verkörpert, sich vom gewählten Clanpriester unterscheidet, der ebenfalls mit dem Wort »Schamane« bezeichnet wird.[29] Schließlich sollten wir noch hinzufügen, daß es fast ebensoviel weibliche Schamanen wie männliche gibt. Shirokogoroff führt dies auf seine Annahme zurück, daß bei den Tungusen ein überaus hohes Maß an Gleichheit zwischen Geschlechtern besteht. Die Gültigkeit dieser klassischen Interpretation wird in der sorgfältigen Nachuntersuchung und der meisterhaften Analyse aller relevanten ethnographischen Daten von Anna-Leena Siikala bestätigt, auf deren erhellendes Modell der Schamanenrolle ich gleich zurückkommen werde.[30]

Geographisch noch abgelegener, bestätigt auch Carmen Blackers neuere Untersuchung über den japanischen Schamanismus dieses komplexe Bild eines – wie man ihn nennen möchte – »Urschamanismus« mit unkontrollierten primären und kontrollierten sekundären Phasen eines Besessenheitsverhaltens, mit dem Nebeneinander von Trance und Besessenheit – teils kombiniert, teils getrennt – und mit außerkörperlichen schamanischen Erfahrungen (mystischer Flug) und Geisterbesessenheit.[31] Für die synkretistische (shinto-buddhistische) japanische religiöse Tradition betont Blacker die komplementären Rollen von zwei religiösen Figuren. Diese sind das vom Geist inspirierte Medium *(Miko)*, ein Gefäß, durch das der Geist zu Sterblichen spricht, und der asketische Schamane im eigentlichen Sinn *(Shamon)*. Der letztere ist hauptsächlich ein Heiler, dessen Seele in den himmlischen Kosmos aufsteigt – oder der diese Reise hier auf Erden vornimmt, in einer, wie Blacker es nennt, »religiösen Mimesis« –, indem er Berge ersteigt, die den spirituellen Aufstieg darstellen. Gleich dem tungusischen hat der japanische Schamane Hilfsgeister und kann ebenso Geister in den Körper hereinnehmen, wie er seine Seele auf Astralreisen schicken kann. Dazu heißt es bei Blacker: »Ebenso wie sie sich auf den ersten Blick unmittelbar zu ergänzen scheinen, so sind das Medium und der Asket eng aneinander gebunden. Beide müssen sich derselben asketischen Übung unterziehen, bevor sie ihre je besondere Kraft erwerben können«, und »zuweilen scheinen beide Formen der Kraft in derselben Person gegenwärtig zu sein, oder zumindest gibt es Überschneidungen«. Im Japan der Feudalzeit »geschah es häufig, ... daß ein Asket ein weibliches Medium zur Frau nahm«.[32]

IV

Jetzt können wir, glaube ich, unsere eingangs gestellte Frage: »Was ist ein Schamane?« genauer beantworten. Ein Schamane ist ein inspirierter Prophet und Heiler, eine charismatische religiöse Person mit der Macht, die Geister zu beherrschen, in der Weise, daß er diese in den Körper hereinnimmt. Wenn die Geister durch ihn sprechen, hat er zumeist auch die Fähigkeit zum mystischen Flug und anderen »außerkörperlichen Erfahrungen«[33]. Wie Shirokogoroff für die Tungusen dokumentiert hat, ist im allgemeinen eine erste traumatische Erfahrung oder Krankheit, die als Besessenheit gedeutet wird, der Geleitbrief, der über den immer intensiveren Umgang mit Geistern zur Übernahme jener Rolle führt, die Raymond Firth und andere als Medium bezeichnen und die dann wiederum zur aktiveren und geleitenden Rolle des Schamanen, des Herrn (oder der Herrin) der Geister, führen kann. Dies ist, wie Eliade zu Recht behauptet und mit einer beeindruckenden Fülle von ethnographischem Material belegt, vom Blickwinkel des Schamanen aus faktisch das Standardmuster der »schamanischen Initiation«.[34]

Erinnern wir uns, daß de Heusch, Bourguignon und Douglas – mit geringfügigen Unterschieden – angenommen haben, daß die phänomenologische (subjektive) Eigenschaft einer »mystischen« Erfahrung in eindeutiger Weise die mystische Kraft (oder die Kräfte), der sie zugeschrieben wird, und die entsprechende rituelle Handlung oder Behandlung festlegt (Diagramm A).

Diagramm A

Autor	Erfahrung	Deutung	Respons
Eliade	schlecht angstauslösend	Teufel	Exorzismus bzw. Schockbehandlung
de Heusch	»unecht« »negativ«		
Bourguignon Douglas	gut, akzeptiert »echt« »positiv«	Gott	Zähmung (bzw. Psychoanalyse)

In der Realität ist diese erste Erfahrung jedoch in aller Regel zutiefst mehrdeutig oder ambivalent und läßt zwei entgegengesetzte Reaktionen zu: Exorzismus oder Zähmung (Diagramm B).

Diagramm B

Erfahrung	Respons
schlecht/gut Ambivalenz	Exorzismus (Ablehnung) Zähmung (Übernahme, Introjektion, Identifikation)

Im letzten Fall werden der oder die für das erste (und in der Rückschau initiatorische) Trauma verantwortlichen Geister in der Regel nach und nach zu »Hilfsgeistern« umgewandelt, und zwar in einem Prozeß, der an das psychologische Konzept der »Identifikation mit dem Aggressor« erinnert. Wie schon bemerkt, sind diese mystischen Begegnungen nicht für bestimmte Kulturen, Evolutionsstufen, Produktionsweisen etc. charakteristisch, sondern im allgemeinen (wenn auch nicht immer) bestehen sie nebeneinander in ein und derselben Kultur und zur selben Zeit. Nach Anna-Leena Siikalas zutreffender Feststellung besteht zwischen diesen scheinbar diametral entgegengesetzten Deutungen eine Tendenz zur wechselseitigen Bestärkung.[35]

Wenn wir nun die Respons der Zähmung (und nicht des Exorzismus) weiterverfolgen, so können wir unmittelbar erkennen, worin die Grundstruktur der schamanischen Initiation besteht. Hier wird die erste traumatische Erfahrung, die eine spirituelle Empfänglichkeit signalisiert, zu einer göttlichen Berufung, die um so eindrucksvoller ist, als ihr spontaner, traumatischer Charakter die *bona fides* des Neulings als einer Person festigt, die von der überwältigenden Macht der Geister in deren Dienst gezwungen wurde. Wenn der neue Anhänger seine Unwürdigkeit beteuert, so bestätigt er dadurch um so nachdrücklicher die Unausweichlichkeit und Echtheit seiner »Berufung«. (Solche verblüffenden Erklärungen eines schamanischen Auserwähltseins verdienen eine sorgfältige Prüfung.) Demnach ist der schamanische Werdegang ein echter »Kult des Leidens« *(cult of affliction)*, um den von Turner[36], Siikala[37] und von mir selbst bevorzugten Terminus zu gebrauchen.[38] Dieser Initiationsvorgang besteht aus mindestens drei genau definierten van Gennepschen Phasen, Episoden, oder vielleicht noch besser, »Rollen«. Dies entspricht dem von Lauri Honko[39] vorgeschlagenen Ansatz der »Rollenübernahme« zur Erklärung des Schamanismus, der sehr überzeugend von Anna-Leena Siikala weiterentwickelt worden ist.[40]

Diagramm C
Phasenmodell der ekstatischen/schamanistischen Laufbahn

Phase I	Phase II	Phase III
»unwillkürlich unkontrolliert spontan« Besessenheit (oder ein Anfall anderer Art, z. B. Krankheit oder anderes Trauma)	angepaßt gezähmt	kontrolliert, willkürlich hervorgerufene Trance
Patient (Stichwort: Seelenpein und Ekstase)		Heiler Initiationsritus traumatische Ankündigung der göttlichen Berufung

Im Interesse einer eindeutigen Deskription und Analyse sollten wir solche Zustände und Rollen möglichst sorgfältig voneinander unterscheiden. Solange Trance und Besessenheit nicht gemeinsam auftreten, dürfen sie nicht miteinander vermengt werden. Aber gleichzeitig müssen wir uns der Grenzen dieser Klassifikationen und der Verwirrung und Verzerrung bewußt sein, die durch eine übertriebene Verdinglichung gefördert werden. Ein stures Festhalten am Terminus »spirituelles Medium«, wenn »Schamane« der angemessene Begriff wäre, führt oft dazu, bedeutsame gemeinsame soziologische Merkmale eher zu verbergen als zu entdecken. Tatsächlich stehen vielen, wenn nicht den meisten in der ethnographischen Literatur als »spirituelle Medien« beschriebenen Individuen und modernen westlichen spirituellen Medien Hausgeister zu Gebote. Und es geschieht mit Hilfe dieser »spirituellen Geleiter«, wenn sie in Seancen die Probleme ihrer Klienten diagnostizieren und lösen. Damit sind sie »Meister von Geistern« und folglich Schamanen.[41] Selbstverständlich ist immer zu bedenken, daß Schamanen ihre Herrschaft über Geister auch *verlieren* und damit – nach unserem Modell – in die Rolle von Patienten zurückfallen können.

Eine übertrieben rigide gehandhabte Terminologie ist auch wenig geeignet, um derart fließende und dramatische religiöse Erscheinungen zu erfassen. Wie schon Shirokogoroff erkannte und der französische Ethnograph und Surrealist Michel Leiris für Besessenheit und Schamanismus in Äthiopien einfühlsam und intelligent gezeigt hat, ist die schamanische Seance hohe Bühnenkunst. Das Tun des Schamanen ist nicht nur Handlung oder Aufführung, vielmehr übernimmt der Schamane mit seiner ganzen ekstatischen Intensität das, was Anna-Leene Siikala als seine »Gegenrollen« bezeichnet – die Identität seiner spirituellen Geleiter. Sie und Leiris haben – wiederum in Übereinstimmung mit Shirokogoroffs Darstellung – diesen Umstand besonders hervorgehoben: Wie sehr auch der Schamane unbewußt zu handeln scheint[42], verliert er doch ganz selten den Kontakt zu seiner Zuhörerschaft, deren Stimmungsveränderungen er beeinflußt, die aber auch ihrerseits auf ihn einwirken. So wechselt der Schamane im Verlauf einer Seance zwischen den *Rollen* oder *Zuständen* hin und her, die mit den Begriffen »Besessenheit« (oder Seelenverlust), »spirituelles Medium« und »Schamane« im eigentlichen Sinne (d. h. Beherrscher der Geister) voneinander abgegrenzt werden. Dies sowie der Umstand, daß alle diese Rollen zur selben Zeit von derselben Person (vom Schamanen in der schamanischen Seance) übernommen werden können, mag uns dazu führen, einem Gegenstand in der Analyse wie in der Darstellung gerechter zu werden, der häufig mit inadäquaten und verfälschenden Begriffen abgehandelt wird. Dessen eingedenk, brauchen wir nicht mehr zu zögern, Schamanen Schamanen zu nennen.

Als Orientierung für eine Definition des Schamanismus erscheint mir die folgende Formulierung des sowjetischen Ethnographen V. N. Basilov am besten geeignet:

»... ein Kult, in dessen Zentrum der Glaube an die Fähigkeit von einigen von Geistern auserwählten Individuen steht, mit den Geistern in einem Zustand der Ekstase in Verbindung zu treten, und die Funktionen eines Mittlers zwischen der Welt der Geister und dem gegebenen menschlichen Kollektiv (der Gesellschaft) zu übernehmen.«[43]

Obgleich einiges für diese Definition spricht, bedeutet dies keine uneingeschränkte Parteinahme für die Auffassung Basilovs und anderer sowjetischer Kollegen, der zufolge

Schamanismus letztlich die Religion einer Gesellschaft ist, welche noch keine Klassen kennt, die jedoch auch in Klassengesellschaften in marginaler Kultform an der Peripherie überleben kann.

Es spielt keine Rolle, wie das Gleichgewicht zwischen Besessenheit und Seelenflug bestimmt wird, ob eine dreischichtige Kosmologie existiert oder nicht. Symbolische Motive sind weitgehend, wenn nicht sogar allgemein, mit dem Schamanismus verbunden. Es gibt zahlreiche lokale Spielarten der Kosmologie, die keinen inneren Zusammenhang mit dem Schamanismus aufweisen. Wie Shirokogoroff selbst nicht müde wird zu betonen, sind tungusische Religion und Kosmologie keine statischen Phänomene und in vieler Hinsicht durch kulturellen Austausch und kulturelle Lehngüter beeinflußt worden. Es gibt zahlreiche Hinweise auf wichtige äußere Einflüsse aus chinesischen, mandschurischen, buriätischen und nicht zuletzt russischen Quellen. Auch der Buddhismus scheint für die Ausgestaltung der tungusischen Religion wichtig gewesen zu sein, obwohl bis zum zweiten Jahrzehnt dieses Jahrhunderts die Mehrheit der Bevölkerung nach Shirokogoroff zu »nominellen« Christen geworden ist. Synkretismus blieb an der Tagesordnung, und der russische St. Nikolaus wurde von den Tungusen als »Großmeister« der Schamanen angenommen. Es besteht eine bemerkenswerte Ähnlichkeit zwischen dieser Proteusgestalt und unserer heutigen europäischen Vorstellung vom Nikolaus, der mit seinem von Rentieren gezogenen Schlitten, beladen mit wunderbaren Gaben, durch die Lüfte fliegt.

Solche vertrauten Beispiele werden den Leser hoffentlich nicht von der eigentlichen Intention dieses Kapitels ablenken, die darin bestand, durch die Anwendung eines prozeßorientierten Entwicklungsmodells den Begriff des »Schamanen« zu erhellen, indem sie ihn in den Zusammenhang einer Berufung stellt, die sich aus einer Entwicklungsabfolge einzelner Besessenheitszustände ergibt. Diese Entfaltung eines zunächst nur für bestimmmte Völker angewandten Begriffs für etwas, das im Grunde genommen den Inbegriff von charismatischer Autorität darstellt, kann meiner Überzeugung nach zu einem besseren Verständnis universeller religiöser Rollen beitragen; sie wurden allzu lange nur als unterschiedliche Abarten behandelt, die sich einer sinnvollen vergleichenden Analyse entzogen.

Die Macht der Vergangenheit: Afrikanische »Überreste« im Islam

I

Wenn der Schamane im Triumph die böse Macht überwindet, zähmt und in wohltätige mystische Energie, d. h. negatives Charisma in positives verwandelt, kann er seine heroische Rolle dennoch innerhalb eines kultischen Kontexts spielen, der in seinem umfassenderen äußeren Rahmen marginal bleibt und seine negative Aura der Hexerei und des Kannibalismus beibehält. Marginalität läßt sich sowohl räumlich als auch zeitlich untersuchen, und wie wir noch sehen werden, kommt es leicht vor, daß die beiden Dimensionen einander durchdringen und miteinander verschmelzen. In diesem Abschlußkapitel wollen wir zeigen, daß unsere vergleichende Analyse nicht nur zu einem tieferen und genaueren Verständnis der *inneren* Dynamik charismatischer Kulte führt, sondern auch die *äußere* Bedeutung von Kulten für die Definition ideologischer Grenzen sichtbar macht. Wenn wir einige der in diesem Buch bereits erörterten Kulte in diesen erweiterten Kontext stellen, gewinnen wir neue Einsichten über die Bedeutung von »Überresten« *(survivals)* in der Religion (und über religiöse Orthodoxie), wobei wir die besonderen Umstände des afrikanischen Islam als Beispiel zur Erläuterung allgemeinerer Phänomene in Weltreligionen wählen.

Wie auch bei anderen Weltreligionen wird von einzelnen Elementen religiöser Überzeugung und Praxis, die innerhalb einer bestimmten Muslimgemeinschaft nicht offiziell als Bestandteile der allgemeinverbindlichen Orthodoxie gelten, generell angenommen, hierbei handle es sich um lokale »Überreste« aus vorislamischer Zeit. Derartige Annahmen über das Fortleben unwillkommener archaischer Elemente aus der Vergangenheit werden keineswegs allein von der traditionellen religiösen Elite, sondern ebenso bereitwillig auch von modernen Religionswissenschaftlern vertreten. Ein charakteristisches Beispiel für diese verbreitete Auffassung findet sich in einer zeitgenössischen Darstellung des volkstümlichen Islam in Tunesien mit der Überschrift *Survivances mystiques et culte de possession dans le marabou-*

tisme Tunisien (»Mystische Überreste und Besessenheitskult im tunesischen Marabutismus«). Die Autorin, eine tunesische Soziologin, versteht den Marabutismus (den nordafrikanischen Kult um Heilige und heiligmäßige Männer) als Verkörperung zweier »Systeme unterschiedlicher Werte: Asketismus und Animismus«.[1] Der Marabutismus, so erfahren wir, geht auf vorislamische nordafrikanische Quellen zurück, und der mit ihm verbundene Besessenheitskult ist das Mittel, mit dessen Hilfe »uralte animistische Vorstellungen in ihrem Fortbestand gesichert werden . . . In Verbindung mit dem Islam werden die traditionellen ›Geister‹ einfach mit den muslimischen Dschinnen vermengt, und die den Zauberern entgegengebrachte Verehrung wird auf heilige *awliya* übertragen« (S. Ferchiou, 1972, S. 48).

Diese Interpretation, die pluralistische Tendenzen in der gegenwärtigen Praxis des volkstümlichen Islam auf eine vorislamische Vergangenheit zurückführt, sieht sich natürlich bestärkt durch jene anhaltenden Strömungen eines islamischen Fundamentalismus (der sich in periodischen Abständen als »Reformismus« äußert), die umstandslos alle Formen einer Vermittlung durch heiligmäßige Männer als Ketzerei ansehen. Zu verschiedenen Zeiten und an verschiedenen Orten gab es in den meisten stark von einem mystischen Sufismus durchdrungenen muslimischen Kulturen strenge Kritiker, die gegen diesen abweichenden islamischen Fundamentalismus predigten. Dieser antimystische Puritanismus hat seinerseits einen gesunden Skeptizismus im Hinblick auf die übertriebenen Kräfte gefördert, die bestimmten Heiligen von den Gläubigen zugeschrieben wurden. Wenn schon der verfeinerte, literarische Sufismus diese Kritik auf sich zieht, werden auch die vorschnell als sein vulgär-volkstümlicher Ausdruck verstandenen blühenden Besessenheitskulte als hartnäckige Überreste eines »vorislamischen Aberglaubens«, wie er sich etwa noch bei neubekehrten Heiden an den Rändern der islamischen Gemeinde findet, heftig angeprangert.

Die puritanische Orthodoxie – oder »Schriftgläubigkeit«, wie sie gelegentlich in irreführender Weise bezeichnet wird – und die Mystik des Sufismus repräsentieren offensichtlich zwei diametral entgegengesetzte Formen der islamischen Religiosität. Verteilen sie sich deshalb auch auf ebenso deutlich unterscheidbare soziale Gruppen? Westliche Autoren, die über den Islam schreiben, nehmen dies häufig an, eine Auffassung, die vielleicht am pointiertesten in Ernest Gellners »Pendelmodell« des Islam zum Ausdruck kommt.[2] Nach dieser Theorie drückt sich in diesen gegensätzlichen Formen die theologische Kluft aus zwischen den gebildeten und informierten *ulama* (den muslimischen Geistlichen) in den Städten und ihren ungebildeten (oder halbgebildeten) Vettern auf dem Land. Die Unterscheidung folgt dem vertrauten Gegensatz zwischen »großen« und »kleinen« Traditionen, der so häufig in Erörterungen der anderen »Weltreligionen« betont wird.

Diese Interpretation halte ich für unangemessen. Ganz grundsätzlich geht es hier um ein umfassenderes Problem: um die hitzige und immer wieder neu entflammte theologische Debatte über die Deutung der Botschaft des Propheten. Hier konzentriert sich die Aufmerksamkeit auf den Sinn und die Bedeutung so berühmter Offenbarungsartikel im Koran wie das Gebot für die Gläubigen, »Fürchtet Gott und trachtet danach, ihm nahezukommen« (»und strebt nach den Mitteln zu ihm«) (Sure 5/35), was von den Sufis seit jeher als Hinweis auf die vermittelnde Macht der Heiligen verstanden wird. Wie der hervorragende Arabist A. J. Arberry bemerkt hat, wurde in der Geschichte des Islam »die esoterische Auslegung des Korans zu einem zentralen Thema in der harten Ausbildung eines jeden Sufis«.[3] Bäurische Unbildung war unter solchen Umständen wohl kaum die Voraussetzung zur Entwicklung einer sufischen Interpretation des Islam. Gleichzeitig weist das, was fundamentalistische Theologen und ihre freiwilligen soziologischen Hagiographen stereotyp als etwas potentiell Ketzerisches und in jedem Fall Marginales darstellen – als abergläubische »vorislamische Überreste« –, eine höchst problematische Qualität auf. Wie ich zeigen möchte, sind sogenannte »Randerscheinungen« des Islam bei näherer Betrachtung gelegentlich so eng mit dem »Kernislam« verknüpft, daß sie als Bestandteile eines einzigen Komplexes erscheinen. Und es kommt hinzu, daß die in einem bestimmten kulturellen Kontext regelmäßig als »vorislamische Überreste« bezeichneten Elemente in vielen Fällen damit überhaupt nichts zu tun haben.

II

Die Vorstellung von »vorislamischen Überresten« entspricht natürlich einem historischen (um nicht zu sagen evolutionistischen) Ansatz und ist Bestandteil jenes allgemein bekannten Vorgangs, bei dem die Religion (oder Ideologie) von heute die Religion von gestern auf den Rang einer Magie reduziert, wobei jede neue religiöse Mode ihre Vorläuferin marginalisiert. An der Tatsache dieses Vorgangs selbst ist zwar nicht zu zweifeln, aber wir müssen bei diesem Dialog der Religionen auch eine zweite Möglichkeit in Betracht ziehen – die Synthese oder den Synkretismus, wie er etwa bei den arabischen Beduinen[4] und unter anderen islamischen »Stammesvölkern« (z. B. den Somalis)[5] zu beobachten ist, wo lokale und dem Clan zugehörige Ahnen zu Sufi-Heiligen gemacht werden. In der muslimischen Welt allgemein sind Pilgerfahrten zu den Heiligtümern solcher lokalen Heiligen im allgemeinen unter der Bezeichnung »Haddsch der Armen« bekannt und werden demnach unmittelbar mit einer Wallfahrt nach Mekka gleichgesetzt. Beide Prozesse (Marginalisierung und Synkretismus) können gleichzeitig auftreten – wobei einige Elemente einer früheren Religion marginalisiert werden (indem man sie zu bösen Dschinnen oder als Zauberei, *sihir,* umdeutet), während einige ihrer Vertreter zu Heiligen gemacht und auf diese Weise integriert werden. Wie unsere frühere Erörterung (Kap. 3) nahelegt, liefern Besessenheitskulte innerhalb der islamischen Kultur einen geeigneten und erhellenden Kontext für die Untersuchung dieser verschiedenen möglichen Anpassungsprozesse.

Die Ursprünge dieser Kulte werden in der Regel in vorislamischen Quellen aufgesucht. So wird etwa der berühmte westafrikanische *bori*-Kult (Kap. 2) in der Literatur im allgemeinen als die Religion der vorislamischen Hausa dargestellt, die vom Islam verdrängt und in einer von Männern beherrschten islamischen Gesellschaft zu einem Schattendasein verurteilt wurde.[6] Ein ähnliches Muster zeigt sich noch deutlicher im Fall der ehemals matrilinearen Zaramo in Tansania, wo die Übernahme des Islam anscheinend die Position der Frauen geschwächt hat, die sich durch ihre Besessenheitskulte schadlos halten, in denen sowohl traditionelle als auch moderne Geister eine Rolle spielen.[7]

Obgleich diese Kulte, soweit sie in einem islamischen Kontext auftreten, im allgemeinen negativ dargestellt werden und ihre Anziehungskraft vorwiegend auf Frauen, Männer von niederem Rang und überhaupt auf marginalisierte Personen ausüben, ist ihre Einordnung zutiefst ambivalent. Zumindest einige der zum Kult gehörigen Geister werden umstandslos den im Koran erwähnten subsumiert und damit durch die Schrift legitimiert; andere werden sogar als islamisch behandelt. Obgleich die ihnen geltenden Rituale in der Literatur durchweg als »Exorzismen« beschrieben werden, darf auch hier die Angemessenheit und Exaktheit dieser Charakterisierung bezweifelt werden, da die Behandlung der Besessenen häufig wiederholte Rituale und de facto eine Initiation in spezialisierte Kulte (vgl. Kap. 5) zur Folge hat. In Wirklichkeit handelt es sich hier vielfach um eine Art Konversion.

Die Anerkennung dieser wichtigen Tatsache erschließt uns ein tieferes Verständnis der Prozesse des Synkretismus und der Integration von »Überresten« im afrikanischen Islam (und zweifellos auch im Islam anderer Regionen). Die gängige Erklärung für die Ausbreitung des Islam in Afrika folgt dem klassischen Diffusionsmodell, dessen drei Phasen von der führenden britischen Autorität J. S. Trimingham als »Keimung«, »Krise« und »allmähliche Umorientierung« beschrieben werden.[8] Aus einer ähnlichen, aber stärker theologisch bestimmten Perspektive hat J. H. Fisher unlängst im Anschluß an Van Gennep eine Dreigliederung vorgeschlagen, deren Stadien er als »Quarantäne«, »Vermischung« und »Neugestaltung« bezeichnet hat.[9]

III

Obgleich derartige Modelle der kulturellen Diffusion ihren unbestrittenen Wert haben, darf man darüber nicht aus dem Blick verlieren, auf welche Weise sozioökonomische Veränderungen Bedingungen hervorbringen, die eine Übernahme des Islam begünstigen.[10] Eine wesentliche Bedeutung kommt hier dem Spielraum zu, den der Islam als eine lebensfähige persönliche und universalistische Gruppenidentität bietet, wenn diese Änderungen den gesellschaftlichen und individuellen Erfahrungshorizont erweitern.

In diesem Zusammenhang hat man bislang das blitzartige, ekstatische Konversionserlebnis, von dem im Christentum so viel Aufhebens gemacht wurde und (insbesondere in mystischen Zirkeln) immer noch gemacht wird, im Islam übersehen – zumindest im afrikanischen Islam, aus dem mehrere interessante Fälle berichtet werden. So kann z. B. bei den Mossi in Westafrika, bei denen gegenwärtig ein Prozeß der Bekehrung zum Islam stattfindet, die Unfruchtbarkeit einer noch unbekehrten Frau von den Wahrsagern als Zeichen dafür gedeutet werden, daß potentielle Kinder nur als Muslime zur Welt kommen möchten. Offensichtlich ist hier die Konversion zum Islam das einzige Heilmittel (Skinner, 1966, S. 360).

Dieser »therapeutische« Weg zum Glauben läßt sich unstreitig bei den Giriama in Kenia beobachten. Seit Jahrhunderten Ackerbauern produzierten sie nur für den Eigenbedarf und treiben erst seit neuerer Zeit mit den muslimischen Suaheli und Arabern der ostafrikanischen Küste Handel. Etwa seit 1920, als sie damit begannen, es ihren Nachbarn gleichzutun und Agrarprodukte für den Markt anzubauen, entstand in diesem Volk eine neue Schicht von Unternehmern. Diese erfolgreichen Händler zogen den Neid ihrer weniger begünstigten Angehörigen auf sich und hatten offensichtlich einen »Bedarf« an Schutz vor deren mystischen Angriffen. Einige suchten Zuflucht beim Christentum protestantisch-puritanischer Prägung, andere wurden Muslime. Dies geschah auf eine äußerst bezeichnende Weise: Angehörige dieser neuentstehenden Schicht wurden von Krankheiten befallen, die nach der Diagnose von muslimischen Geistern verursacht wurden, so daß die einzige Möglichkeit zur sicheren Heilung in der Bekehrung zum Islam bestand. Diese »therapeutischen Muslime« waren natürlich durch eine Krankheit, für die man sie nicht verantwortlich machen konnte, unfreiwillig zum Islam gekommen. Sie hatten sich nicht darum bemüht; es war gegen ihren Willen geschehen. Aber die Konsequenzen sind aufschlußreich. Die Annahme des islamischen Glaubens mit seinen zahlreichen Ernährungsvorschriften befreite diese privilegierten Aufsteiger von bestimmten traditionellen Gemeinschaftsverpflichtungen. Gleichzeitig schützte sie sie vor mystischen Angriffen und stattete sie mit jener höherrangigen islamischen Identität der Suaheli aus, wie sie ihren wirtschaftlichen Aktivitäten und Ambitionen entsprach.[11]

Diese anziehende Wirkung der muslimischen Heilverfahren und des Islam überhaupt als eines mystischen Abwehrsystems ist, wie ich meine, bei der Untersuchung der Ausbreitung des Islam in den afrikanischen Ländern südlich der Sahara unterschätzt worden. Mir geht es jedoch im vorliegenden Kontext hauptsächlich darum, daß neue Muslime durch eine Vorgehensweise gewonnen werden können, die man unter anderen Umständen als unorthodoxe Abweichung oder als exotischen marginalen Marabutismus abtun würde. Ein noch aufschlußreicheres, wenn auch möglicherweise komplizierteres Beispiel ist der Kult um Scheich Hussein in Bale in Südäthiopien. Scheich Hussein, dessen religiöse Verehrung anscheinend bis ins 13. Jahrhundert zurückreicht und damit letztlich den spirituellen »Überrest« des alten Muslimstaates Bale darstellt, ist praktisch zum Schutzheiligen der Muslime in Äthiopien geworden. Das jährliche Fest an seinem Heiligtum zieht große Scharen von Pilgern aus so fernen Gegenden wie Nord- und Zentraläthiopien, Nordkenia und Südsomalia an. Der Kult um Scheich Hussein reicht bis zur somalischen Küste und bis in das Flußgebiet Südsomalias, wo ein ausgedehnter Komplex von Andachtsstätten, die dem Heiligen geweiht sind, einen ähnlichen Wallfahrtsort bildet wie das eigentliche Pilgerzentrum in Bale.[12]

In seiner heutigen Form in Bale, einer Region, in der es im Lauf der Jahrhunderte eine komplexe Abfolge ethnischer Wanderungsbewegungen gegeben hat, weist dieser islamische Kult auffällige Merkmale der traditionellen Religion der Oromo-Völker auf, die im 16. Jahrhundert hier eingedrungen sind. Die Oromo sprechen kuschitisch wie die Somali, mit denen sie ethnisch und historisch eng verwandt sind. Der Scheich-Hussein-Kult wurde auf diese Weise bis zu einem gewissen Grad »oromoisiert«, d. h. durch kulturelle Elemente angereichert, die nicht *vor-*, sondern tatsächlich *nach*-islamisch sind. Genauer gesagt, seine wesentlichen Bestandteile wurden im Lauf der Jahrhunderte mehrfach ent- und reislamisiert, in einem Prozeß, der in der Geschichte derartiger religiöser Bewegungen keineswegs einmalig ist. Wie man seit langem weiß, verdankt sich ein Großteil der Anziehungskraft des Kultes in einem Äthiopien, das von semitischsprechenden Christen beherrscht wird, diesem synkretistischen Charakter, wobei islamische und Oromo-Symbole miteinander vermischt werden und eine islamische

Identität, die heute traditionelle Oromo-Werte in sich aufnimmt und umformt, auf ein Muster projiziert wird, das von dem in Somalia vorherrschenden Typus des Islam geprägt ist.

Diese synthetische Muslimidentität hat einen nachhaltigen spirituellen Charakter angenommen, dessen Einzugsbereich weit über das Heiligtum von Scheich Hussein und seine Pilger hinausreicht. In Nordkenia, wo er sich (anscheinend erst vor wenigen Jahrzehnten) allgemein ausgebreitet hat, hat sich innerhalb des Scheich-Hussein-Kults eine aktive missionarische Strömung entwickelt, die nach Aussagen ihrer Anhänger einem mystischen religiösen Orden des Sufismus nacheifert und sich als Husseiniya bezeichnet. In der Kleinstadt Isiolo, deren Bevölkerung sich aus Kuschiten und Nilohamiten zusammensetzt, ist der Scheich-Hussein-Kult in Konkurrenz zum Christentum vor allem bei den Kuschiten verbreitet. Die Aufnahme in die »Bruderschaft« folgt häufig einer Krankheit oder einem Gebrechen, die durch die Initiation in den synkretistischen Kult und die Übernahme oder Bestätigung der islamischen Identität geheilt wurden. Mitglieder werden vor allem »arme, notleidende Borana (eine Nebenlinie der Oromo) und Somali« – in extremer Armut lebende Hirten, die ihr Vieh durch Krieg und Hungersnot verloren haben und auf der Suche nach einer Überlebensmöglichkeit in die Distrikthauptstadt Isiolo verschlagen wurden (Hjort, 1979, S. 42). Unter den Anhängern des Kults befinden sich mehr Borana- als Somalimänner, da dieser trotz seiner Verbindung zu den Somalis Äthiopiens von den somali-islamischen Würdenträgern in Nordkenia als »primitiv« und »satanisch« angesehen wird – eine Art lästige spirituelle Infektion, »die man sich im Busch geholt hat«. Den Kultanhängern ist sogar der Zutritt zur Moschee verwehrt. Diese negative Einschätzung wird auch von den kenianischen Behörden geteilt, die offenbar in den auffälligen populären Ritualen ein Mittel zur Schürung von politischer und sozialer Unzufriedenheit sehen, obwohl diese im Grunde genommen eher eine harmlose und abmildernde Reaktion auf eine individuelle Unzufriedenheit darstellen. In der Moschee streng verurteilt von den orthodoxen Somali-Scheichs (in der Regel Mitglieder der religiösen Orden der Qadariya oder Salihiya), wird der Kult von deren Frauen dennoch wärmstens unterstützt. Dies ist ein interessantes, aber keineswegs ungewöhnliches Beispiel für einen geschlechtsspezifischen religiösen Pluralismus mit engen Parallelen zur Situation in Tunesien, auf die ich gleich zu sprechen komme. Für den Augenblick genügt jedoch die einfache Feststellung, daß das, was von den Frauen befürwortet und von den Männern als »vorislamischer Aberglauben« abgelehnt wird, etwas viel Komplizierteres ist als diese abschätzige Kennzeichnung vermuten läßt.

IV

In Südsomalia, wohin wir uns jetzt wenden, existiert der Scheich-Hussein-Kult neben dem verbreiteteren und bekannteren *sar*-Kult[13], dem wir bereits im 3. Kapitel begegnet sind. Während man in diesem Zusammenhang vielleicht noch davon sprechen könnte, die Husseiniya habe lokale vorislamische »Überreste« in sich aufgenommen (jedenfalls insofern, als die Bevölkerung Südsomalis aus den vorislamischen Oromo hervorgegangen ist), steht eine solche Behauptung im Hinblick auf den *sar*-Besessenheitskult außerhalb jeder Debatte. In seiner Somali-Form spricht nichts für die Annahme, das Wort *sar* beziehe sich auf einen lokalen vorislamischen Geist oder Ritus. Der Begriff legt ganz im Gegenteil die Vorstellung eines fremden oder äußeren Ursprungs nahe und hat seine Wurzeln in Äthiopien, woher offensichtlich jene Form der Geisterbesessenheit *(mengis*, vom amharischen Wort für »Herrschaft«) stammt, die als die gefährlichste gilt.[14] Wie wir im 2. Kapitel gesehen haben, fallen dieser Besessenheit auffällig viele Frauen zum Opfer, was allgemein als Ausdruck für die Frustration im Zusammenhang mit ihrer untergeordneten Stellung in einer von Männern beherrschten Kultur gedeutet wurde.[15]

Wie wir inzwischen deutlicher sehen können, ist der *sar*-Besessenheitskult bei den Somalifrauen überwiegend ein städtisches Phänomen. Obgleich die Männer im gesellschaftlichen System der nomadisierenden Somali-Viehzüchter das herrschende Geschlecht sind, genießen die Frauen, denen die Haltung eines geringen Viehbestandes obliegt, eine beträchtliche Freiheit und tragen niemals den Schleier. Verschleierte Frauen trifft man ausschließlich in den Städten an[16], und es ist genau dieser städtische Umkreis, innerhalb dessen der Besessenheitskult gedeiht. Zu diesem Gegensatz von Stadt und Land passen auch haargenau die Behauptungen der Männer, daß die Geister – die von ihnen in der Mehrzahl verächtlich und skeptisch beurteilt werden – häufiger in die Frauen reicher Ehemänner fahren, da die Behandlung der Besessenen ein teures Geschäft ist und in der Regel (wie wir gesehen haben) zu einer Vermehrung der aufwendigen Garderobe und des Schmucks der Befallenen führt. Obwohl die auf diese Weise geschröpften Ehemänner den Kult als »primitiven Aberglauben« abtun, läßt sich nicht übersehen, daß die am stärksten unter ihrer Besessenheit leidenden Kranken keine schwer arbeitenden Nomadenfrauen aus dem Busch sind, sondern ganz im Gegenteil vergleichsweise wohlhabende Angehörige der neuen Stadtbevölkerung, die modern gekleidet sind und in festen Häusern wohnen, die nicht nur mit einer Dienerschaft, sondern auch mit allen Segnungen der modernen Technik versehen sind.[17] Die vermutlich schwerste Form von Frustration für Menschen, die nicht durch eine entsprechende Bildung und einen Arbeitsplatz außer Haus in einem modernen Sinn emanzipiert sind, ist die Langeweile.

In dieser Hinsicht ist eine neuere Untersuchung über das Auftreten ähnlicher Fälle von Besessenheit in Ägypten erhellend, die ebenfalls im Rahmen des *sar*-Kults interpretiert werden.[18] Im intensiv bewirtschafteten Nildelta gehören die Teilnehmer am *sar*-Kult weitaus häufiger zu den Familien reicher Dorfältester und Grundbesitzer als zu denen der armen *fellahin.* Dieser Umstand steht in unmittelbarem Zusammenhang mit bestimmten Zwängen, denen wohlhabende Ehefrauen durch die islamischen Konventionen unterworfen sind – sie sind stärker ans Haus gebunden und abhängiger als die verheirateten Frauen auf dem Land. Die letzteren genießen eine höhere wirtschaftliche und häusliche Unabhängigkeit, verfügen über einen größeren Bewegungsspielraum sowie stärkere verwandtschaftliche Unterstützung. Die reicheren Frauen leben beengter und sind in ihren sozialen Kontakten beschränkter, was dazu führt, daß sie häufiger an teuren *sar*-Veranstaltungen teilnehmen, die von ihren Männern bezahlt werden müssen. Auch wenn hier bestimmte Spannungen zwischen den Geschlechtern ihr Ventil finden mögen, so spielt dabei doch auch ein Element des demonstrativen Konsums mit hinein, da die Frauen damit zugleich den Wohlstand ihrer Männer auf die Probe und zur Schau stellen (vgl. Wilson, 1967). Die

Frauen von Bauern werden im allgemeinen nur selten von *sar*-Geistern heimgesucht und auch nur in Zeiten starker Belastungen und Schwierigkeiten; sie werden auch seltener zu formellen Kultmitgliedern, die langfristig (d. h. zeitlebens) an den Kulthandlungen teilnehmen.

Ein ähnliches Muster läßt sich im benachbarten Sudan beobachten.[19] *Sar,* das wie gewöhnlich als ein Fremdeinfluß von außen angesehen wird, ist im wesentlichen ein Phänomen der bürgerlichen Stadtbevölkerung, dessen Vorkommen sich auf die angesehenen, traditionalistischen Muslimfamilien beschränkt. Unter den sozial höherstehenden Anhängern des *sar*-Kults befinden sich zahlreiche Frauen von prominenten Männern, einschließlich religiöser Würdenträger, die zwar einerseits den Kult als heidnischen Götzendienst anprangern, andererseits jedoch nichts dabei finden, wenn sie ihre Frauen auffordern, ihre Besessenheit von einer der Kultoberinnen behandeln zu lassen. Auch hier stellen wir fest, daß die glühendsten Kultanhängerinnen wohlhabende Ehemänner haben – gut verdienende Kaufleute, Metzger, Unternehmer oder Goldschmiede. Und ungeachtet der dadurch ausgelösten Kontroversen wurden auch mehrfach *sar*-Kulthandlungen im sudanesischen Fernsehen gezeigt.

Auch wenn die im sudanesischen *sar*-Kult gebrauchten rituellen Formeln zum Teil denen von Hochzeitszeremonien entsprechen, lassen sich doch zugleich die Ähnlichkeiten zwischen dieser Bewegung der Frauen und den Sufi-Bruderschaften der Männer kaum übersehen. Ebenso wie die *tariqas* begehen die *sar*-Gruppen alle wichtigen islamischen Feiertage, und während des Fastenmonats Ramadan werden keine Rituale abgehalten. Sie beginnen und beschließen ihre Kulthandlungen mit Gebeten zu Ehren des Propheten Muhammad; ihre Anführerinnen[20], die regelmäßig nach Mekka pilgern, werden *Scheichas* (weibl. Form von *Scheich)* genannt, und wie ihren männlichen Pendants bei den Sufis sagt man auch ihnen nach, daß »sie den Weg wissen« (dem der Gläubige folgen soll). In beiden Fällen kann die Position des Führers oder der Führerin (durch Geburt) zugeschrieben oder (durch Initiation) erworben sein. Und schließlich erreichen die Männer im Verlauf der Sufi-Rituale ekstatische Zustände, die einen Vergleich mit den Trancezuständen der Frauen während der *sar*-Veranstaltungen nahelegen.

An der Spitze der sudanesischen *sar*-Geister stehen zudem die »frommen Heiligen«– die Begründer der Bruderschaften, die seit jeher im Leben der Menschen eine so wichtige Rolle gespielt haben. Nach ihnen kommen immer neue Gruppen: die »Äthiopier«, die »Paschas«, die »Araber« (als Stellvertreter der sudanesischen Nomadenstämme), die »Europäer und Christen«, einschließlich der Juden, Kopten, Griechen, Armenier, Franzosen und Briten (insbesondere General Gordon und Lord Cromer), die »Frauen oder Töchter«, die mit den besonders angesehenen »frommen Heiligen« verbunden waren, die »Schwarzen« (aus dem Süden), die Fellata und verschiedene sonstige Kategorien. Sie alle bilden ein System von lockeren allgemeinen Zuordnungen, das sich je nach Bedarf mühelos erweitern läßt. So traten etwa eine Zeitlang die Geister sozialistischer Soldaten in Erscheinung, und in jüngerer Zeit sind angeblich sogar Gamal Abdel Nasser und der saudische Ölminister Scheich Jamani im illustren Kreis der beschworenen Geister gesehen worden.[21] Offensichtlich ist das Pantheon der *sar*-Geister ein zerfließender historischer Spiegel der Erfahrungswelt der sudanesischen Männer.

V

Während demnach zwar bestimmten, allgemein bekannten historischen Persönlichkeiten außerhalb der islamischen Kultur – wie General Gordon und Lord Cromer – anscheinend zu Unsterblichkeit verholfen wurde, macht es der historische Charakter der auftretenden Geister im allgemeinen zweifellos schwer, diesen sudanesischen Besessenheitskult als einen unmittelbaren »Überrest« oder als ein lokales vorislamisches Phänomen einzuordnen. Derselbe Einwand ist offensichtlich noch weit stichhaltiger, sobald wir die umfassendere geographische Verbreitung des *sar*-Kults entlang der ostafrikanischen Küste (und der vorgelagerten Inseln), in Ägypten, Nordafrika und auf der arabischen Halbinsel bis zum Iran in Betracht ziehen. Obgleich er hier und dort unter einem anderen Namen auftritt, verliert der Kult nirgendwo in diesem ausgedehnten Gebiet seine Verbindungen zu Äthiopien. Er zieht überwiegend Frauen sowie einzelne marginale männliche Einwanderer aus Somali und von der ostafrikanischen Küste an, die von ihren arabischen oder iranischen Arbeitgebern, für die sie oft besonders niedrige Arbeiten verrichten, als Menschen zweiter Klasse behandelt werden. Ebenso wie in seiner sudanesischen Spielart zieht dieser Komplex von Besessenheitskulten, in denen islamische und nichtislamische Geister und Heilige sowie auch Heiden eine Rolle spielen, anscheinend in der Regel Frauen an, deren sozialer Status beträchtlich höher ist als der der männlichen Anhänger.[22] Diese Tatsache steht in Einklang mit der strengeren Abschirmung der Frauen in orthodoxen bürgerlichen Kreisen, wie ich bereits im Hinblick auf die Verhältnisse in Ägypten bemerkt habe.

Wenn auch gelegentlich andere, genuin lokale Geister bei diesem Kult auftreten können[23] (»authentische Überreste«), geht man allgemein davon aus, daß sich der *sar*-Kult von Äthiopien aus durch Diffusion ausgebreitet hat. Es wird angenommen, daß dieser Vorgang mit dem im späten 18. und frühen 19. Jahrhundert von Äthiopien und der ostafrikanischen Küste ausgehenden Sklavenhandel und mit der anschließenden Besiedlung der Küstengebiete der arabischen Halbinsel durch afrikanische Wanderarbeiter einherging. Die bislang verfügbaren Anhaltspunkte lassen sogar vermuten, daß der *sar*-Kult in Ägypten frühestens im 19. Jahrhundert an Bedeutung gewann.[24]

Alles deutet darauf hin, daß die *sar*-Geister erst in dieser relativ späten Phase begannen, sich von ihrem Hauptsitz (wenn nicht überhaupt ihrer Heimat) in der Gondar-Region Äthiopiens, wo sie sowohl christliche als auch muslimische Äthiopier heimsuchten, in alle Richtungen auszubreiten. Gondar ist geschichtlich das Zentrum des christlichen Äthiopien und der Verschmelzung der kuschitischen und semitischen Kulturen und Religionen dieses Landes. Sein ökumenisches Geisterreich ist demnach ebenfalls der unmittelbare Ausdruck dieser vielgestaltigen Hinterlassenschaft; und es ist verblüffend festzustellen, daß in dieser offiziellen Bastion der äthiopischen Christenheit das arabische Wort für »Heiliger« *(wali)* zusammen mit dem amharischen *sar* gleichbedeutend verwendet wird und daß hier die Anführer und Anführerinnen von *sar*-Kulten häufig als »Meister und Meisterinnen« *(bala)* der »Heiligen« *(awliya)* bezeichnet werden.

In Entsprechung zu anderen vergleichbaren »peripheren

Geisterkulten« (s. Kap. 2) wäre es wahrscheinlich genauer, statt von der Diffusion (und Rediffusion) eines undifferenzierten *sar*-Kults von einer Diffusion von *sar*-Geistern zu sprechen.[25] Die Ausbreitung der Geister wäre dann vermutlich die Folge von zunehmend engeren Beziehungen zwischen den Ländern und Völkern des Nils und des Horns von Afrika während der britisch-ägyptischen Verwaltung des Sudans und der daran anschließenden *mahdiya* – zu einer Zeit, wie sich die Gewährsleute von Michel Leiris in Gondar erinnerten[26], da eine neue Klasse von militanten Tigre-Geistern, bekannt als *kabere* (von *keber* = Stolz, Ehre), die Menschen heimzusuchen begann. Dieselbe Vermutung wird durch das Erscheinen der Paschas sowie General Gordons und Lord Comers im Geisterreich nahegelegt. Überdies steht sie in Einklang mit der Beobachtung von Michel Leiris, daß die Bewohner Gondars besonders anfällig dafür sind, durch eine zufällige Begegnung mit einer besessenen Person auf dem Markt selbst von *sar* besessen zu werden. Die Pilgerfahrt nach Mekka (wohin der *sar*-Kult ebenfalls übertragen wurde) war zweifellos ebenfalls ein wichtiges Vehikel für die weitere Ausbreitung dieser und zahlreicher anderer Begriffe und Anschauungen.

Allerdings ist der Nachweis von tatsächlichen Verbindungen und Verkehrsadern als Möglichkeiten für die Ausbreitung von Ideen (und Kultpraktiken) noch keine Erklärung dafür, warum sie überhaupt an ihren Ursprungsorten aufkamen oder warum sie in den Zentren, in die sie übertragen wurden, auch bei anderen Gesellschaftsschichten Anklang fanden. Die Antwort auf die letzte Frage liegt, wie ich bereits früher gesagt habe, vermutlich in den besonderen Lebensumständen derer begründet, die am leichtesten das Augenmerk der zudringlichen Geister auf sich lenkten. Häufig sind die Opfer marginale Wanderarbeiter arabischer Herkunft, in der Mehrheit jedoch muslimische Frauen – insbesondere überall dort, wo eine Intensivierung der konservativen Orthodoxie die Lage und die Rechte der Frauen noch weiter beeinträchtigt.[27]

Es liegt vielleicht nahe zu vermuten, daß die weitere Verbreitung von *sar* in Äthiopien und außerhalb in der zweiten Hälfte des 19. Jahrhunderts mit der Ausdehnung und Festigung des christlichen Amharenreiches unter Menelik II. zusammenhing. (Das stände in Einklang mit dem militaristischen Charakter, der diesen *sar*-Geistern in Gondar zugeschrieben wird, sowie mit den auffallend zahlreichen Jagd- und Kampfmotiven in der Bildersprache des Kults.) Aber davon einmal abgesehen, können wir zwar den »Demonstrationseffekt« als eine notwendige und zureichende Erklärung für die *Diffusion* neuer Ideen außer Betracht lassen, sollten jedoch den Faktor der Mode nicht gänzlich ignorieren. Auch er hängt zweifellos mit dem Problem der individuellen Identität und des Status sowie mit der Art und Weise zusammen, wie allgemeinmenschliche Sehnsüchte zum Ausdruck gebracht und in Worte gefaßt werden.

Es erübrigt sich, ähnlich detailliert auf den parallelen und – in Nordafrika – gelegentlich mit dem *sar*-Kult sich überschneidenden *bori*-Kult (s. Kap. 2) einzugehen. Dessen Verbreitung von seinen Ursprungsländern Nigeria und Niger aus hängt unmittelbar zusammen mit den Sklavenhandelswegen durch die Sahara und der Niederlassung von Afrikanern unter der ansässigen Araber- und Berberbevölkerung des Maghreb. Aber auch ohne solche Bevölkerungsbewegungen ist es denkbar, daß die Handelsverbindungen quer durch die Sahara das Eindringen von bösen *bori*-Geistern in das islamische Nordafrika ausgelöst haben. Wie dem auch sei und welche Rolle er auch bei den Hausa ursprünglich gespielt haben mag, jedenfalls ist der *bori*-Kult im arabischen Nordafrika ebensowenig ein echter vorislamischer »Überrest« wie sein Gegenstück, der *sar*-Kult. Deshalb ist es alles andere als überraschend, wenn wir Hinweise auf *bori*-Geister in sudanesischen *sar*-Kontexten (wo beide Wörter als austauschbar verwendet werden) ebenso antreffen wie *sar*-Geister in nordafrikanischen *bori*-Zusammenhängen. Es ist typisch und paßt durchaus in dieses Bild, daß die mehrdeutige Besessenheitskult-Sirene »Lalla Aisha«[28], die in beiden Regionen eine besondere Rolle spielt, im Sudan als die *maghrebiya* und in Marokko als die *sudaniya* bekannt ist. Der Verkehr der Geister ist fast ebenso ausgedehnt und intensiv wie die Verbreitung der islamischen Lehre.

VI

Anhand der Beispiele von *sar-* und *bori-*Kult habe ich zu zeigen versucht, daß diese innerhalb der Zusammenhänge, in denen sie sich entfalten, alles andere als echte vorislamische »Überreste« darstellen. Sofern sie, wie es hier und da bei ihnen und ähnlichen Kulten der Fall sein mag, letztlich auf vorislamische Ursprünge zurückgehen, haben wir es mit einem kontinuierlichen Prozeß einer reaktiven Gegendiffusion zu tun; während der Geist des Islam in die eine Richtung fließt, empfehlen sich andere Geister sozusagen von der Gegenseite her. Auf diese Weise gelangten religiöse Phänomene, die bereits vor dem Islam existierten, in eine bestimmte Region, wo sie tatsächlich »vorislamisch« waren, wurden jedoch nach ihrer Weiterverbreitung in andere islamische Gegenden nach- und sogar panislamisch. Auf diese Weise besteht fortwährend eine dynamische Spannung zwischen den religiösen Strömungen im islamischen Mutterland und an der Peripherie.[29]

Obgleich also der orthodoxe, fundamentalistische Islam und der magische Marabutismus einander diametral entgegenstehen, lassen sich diese beiden gegensätzlichen religiösen Typen nicht eindeutig mit den Dichotomien Stadt–Land, gebildet–ungebildet usw. zur Deckung bringen. Auch wenn der erstere den letzteren nicht zwingend zur Folge hat, so weist er doch zumindest die Tendenz auf, ihn als eine Ergänzung und ein Anhängsel hervorzurufen. Es wäre zu einfach, in den marginalen rituellen Handlungen der Frauen lediglich die Widerspiegelung des Heiligenkults der Männer zu sehen und mit Sophie Ferchiou (1972) von zwei deutlich unterscheidbaren religiösen »Verhaltensmustern« von Männern und Frauen im Islam zu sprechen. Hier ist mehr im Spiel als lediglich eine verhaltene, männliche Form der Religiosität, die durch eine extravagante, weibliche Form ein Gegengewicht erhält. Dieser Autorin zufolge fällt die Bürde der Rechtgläubigkeit allein den Männern als den Pilgern und Stützpfeilern des Islam zu, deren fromme Andachtsübungen auch ihren Frauen angerechnet werden, welche dadurch von den Pflichten einer gleichermaßen unmittelbaren Bekundung ihrer Religiosität entbunden sind. Unter diesem Blickwinkel mag es so scheinen, als wären die Besessenheitskulte der Frauen samt ihren islamischen Ausschmückungen so etwas wie eine nachempfundene Teilhabe an dem von Männern beherrschten islamischen Heiligtum. In meiner Sicht hingegen werden von den ekstatischen Kulten der Frauen gerade die Frauen der orthodoxeren Männer – der Verkörperungen islamischen Anstands – unmittelbar angezogen, während den letzteren das Vorrecht der nachempfundenen Teilnahme an etwas eingeräumt wird, das sie nach außen hin als Aberglauben und Ketzerei verurteilen. Sofern es also eine spirituelle Doppelwirtschaft gibt, sind ihre beiden Sphären wechselseitig voneinander abhängig und ergänzen sich gegenseitig.

Allgemeiner ausgedrückt: Die Islamkenner unter den Religionssoziologen machen Arabisten und Orientalisten häufig den Vorwurf, den Islam so aufzufassen, wie er im Koran niedergelegt ist, statt so, wie er in den Glaubensvorstellungen lebendiger Muslime zum Ausdruck kommt, die den Koran nach eigenem Gutdünken auslegen. Freilich neigen auch sie dazu, das traditionelle Verständnis des Islam als eine »Religion des Buches« zu übernehmen und angebliche Abweichungen als Ausfluß schlichter Unbildung und Ignoranz abzutun. Damit bleibt jedoch die erstaunliche Tatsache unerklärt, daß die umfangreiche Sammlung von niedergeschriebenen Aussprüchen, die dem Propheten zugeschrieben werden *(hadith)*, und von Auslegungen, die von den für den Islam bedeutsamen städtischen Zentren verbreitet werden, regelmäßig begleitet ist von einem nicht weniger umfangreichen *schriftlichen* Apparat, der das magische und astrologische islamische Wissen enthält. Der letztere bietet nicht nur eine islamische Grundlage und Legitimation für lokale vorislamische mystische Glaubensvorstellungen und Riten, sondern führt gelegentlich derartige »magische« Glaubensvorstellungen überhaupt erst ein. Wie vor kurzem in Malaysia beobachtet wurde, kann es sogar soweit kommen, daß »eine zunehmende Religiosität bei den Muslimen von einem wachsenden Interesse an Magie begleitet wird« (Wazir-Jahan Karim, 1981, S. 204).

Es ist wichtig, sich klarzumachen, was hier vor sich geht. Es ist nicht einfach eine mündlich überlieferte, vorislamische Kultur, von der die unerschütterlichen ewigen Wahrheiten durchsetzt werden, wie sie in den Schriften des orthodoxen Islam festgehalten sind. Manche Elemente in dieser Orthodoxie stellen auch alternative Auslegungen der Botschaft des Propheten dar und werden schriftlich weiterüberliefert.

Somit ist der Islam eigentlich nicht die »Religion des Buches«, sondern vielmehr die »Religion der Bücher«, eine Ansammlung geschriebener Handbücher, die in ihrer undogmatischen Reichhaltigkeit die Diffusion und Rediffusion sogenannter vorislamischer »Überreste« erleichtern.

Diese erneute Überprüfung der Bedeutung des Begriffs »Überrest« im Kontext einer Weltreligion betont einmal mehr, wie sehr es darauf ankommt, Glaubensvorstellungen stets exakt innerhalb ihres Kontexts zu sehen, wie ich dies bereits im Eingangskapitel getan habe. Das offizielle Bild dessen, was die rechte Lehre ausmacht, ist die offizielle Konstruktion des Bildes, bei der die »Vergangenheit« immer wieder umgeformt wird, um einen wirkungsvollen Hintergrund für die geoffenbarte Wahrheit der Gegenwart abzugeben. Für diesen Vorgang ist die Erfindung einer Antitradition mindestens ebenso wichtig wie die einer Tradition. Demnach wird das, was im Rahmen der Werte der herrschenden Schicht für die Gesellschaft nur von untergeordneter Bedeutung ist und dementsprechend mit mehrdeutiger, negativer Macht ausgestattet wird, mit der Zeit tatsächlich unbedeutend – ein anachronistischer »Überrest« aus der Vergangenheit.

Die finstere Macht der Vergangenheit, die diesen Besessenheitskulten allgemein zugeschrieben wurde und in der Person des Schamanen Gestalt annahm, enthält dunkle Hinweise auf Hexenwesen und Kannibalismus. Religiöse Überreste in Form von marginalen charismatischen Kulten führen auf diese Weise all jene – von außen betrachtet negativen – Facetten mystischer Macht zusammen, von denen ich in diesem Buch gesagt habe, sie müßten als Abwandlungen ein- und desselben grundlegenden Phänomens und nicht als autonome »Dinge« aufgefaßt werden. Selbstverständlich verführen religiöse Erscheinungen besonders leicht zu einer Verdinglichung, und eines der Haupthindernisse auf dem Weg zu einem angemesseneren Verständnis in dieser Hinsicht ist die Weigerung so vieler Anthropologen, dieses Material einer eingehenden, empirisch fundierten Analyse anhand der Kriterien zu unterziehen, wie sie in diesem Buch vorgetragen wurden.

Anhang

Anmerkungen

Anthropologische Feldforschung und exotische Glaubensvorstellungen

1 Siehe *Department of Anthropology 1972–73,* Broschüre der LSE, London 1972, S. 4.

2 Eine interessante Analyse der ersten Auflage dieses *Who's Who* der britischen Anthropologen bietet: E. und S. Ardener, »A Directory Study of Social Anthropologists«, in: *B. J. S.* 1965, S. 295–314.

3 Siehe etwa E. Leach, *Lévi-Strauss,* London 1970.

4 C. Lévi-Strauss, *Structural Anthropology* (englische Übersetzung). London 1963, S. 328. (Deutsch = *Strukturale Anthropologie.* Frankfurt/M. 1967, S. 351).

5 *Ebd.,* S. 332. (Deutsch = S. 357).

6 *Ebd.,* S. 337. (Deutsch = S. 364).

7 Siehe »African Systems of thought: an Anglo-French dialogue«, in: *Man* 1967, S. 286–298.

8 M. Mead, »Fieldwork in High Cultures«, in: S. T. Kimball und J. B. Watson (Hrsg.), *Crossing Cultural Boundaries.* San Francisco 1972, S. 121.

9 Rosemary Firth, »From Wife to Anthropologist«, in: Kimball und Watson, *op. cit.,* S. 10–32.

10 Siehe z. B. J. B. Casagrande (Hrsg.), *In the Company of Man,* New York 1960, S. XI; C. Lévi-Strauss, *op. cit.,* S. 373 (deutsch = S. 400 f.); und M. Freilich (Hrsg.), *Marginal Natives: Anthropologists at Work,* New York 1970, S. 13; siehe auch S. 35, wo als Vorbereitung auf die Feldforschung eine gewisse psychotherapeutische Ausbildung empfohlen wird.

11 Rosemary Firth, op. cit., S. 31.

12 *Social Anthropology and Other Essays.* London 1964, S. 77–79.

13 Siehe etwa J. B. Casagrande, *loc. cit.,* und M. Freilich, *op. cit.,* S. 13.

14 Diese Analogie verdanke ich weitgehend meinen Gesprächen mit Dr. Peter Fry, der m. W. diese Parallele schon vor mir bemerkt hat.

15 Es ist daher nicht verwunderlich, daß viele der Autoren, die in diesem Sinne schreiben, Amerikaner sind.

16 Siehe etwa *Mythologiques, L'Homme Nu,* Paris 1971 (insbesondere S. 559–621). (Deutsch = *Mythologica IV. Der nackte Mensch.* Frankfurt/M. 1975).

17 Robert Murphy, *The Dialectics of Social Life,* London 1972, S. 24.

18 Allerdings sei darauf hingewiesen, daß Lowie selbst im Vorwort der Ausgabe von 1937 seiner *Primitive Society* (1. Auflage 1920) erklärt, er habe mit diesem Wort seiner eigenen Enttäuschung über die westliche Zivilisation unmittelbar nach dem Ersten Weltkrieg Ausdruck geben wollen.

19 Besonders in denjenigen Aufsätzen, die im ersten Teil der *Anthropologie structurale,* Paris 1958, wieder abgedruckt wurden.
20 Siehe A. Forge, »The Golden Fleece«, in: *Man,* 1972.
21 *Order and Rebellion in Tribal Africa,* London 1963, S. 35.
22 W. E. H. Stanner, in: J. B. Casagrande (Hrsg.), *In the Company of Man,* New York 1960, S. 85.
23 V. W. Turner, »Muchona the Hornet, Interpreter of Religion«, in: Casagrande, *op. cit.,* S. 335–337.
24 M. Griaule, *Conversations with Ogotommeli.* London 1965, S. 220.
25 *The Raw and the Cooked* (englische Übersetzung von *Le cru et le cuit).* London 1970, S. 13. (Deutsch = *Mythologica I. Das Rohe und das Gekochte.* Frankfurt/M. 1971).
26 M. Douglas, »Animals in Lele Religious Symbolism«, in: *Africa* 1957, S. 46–57. Die anomale Tatsache, daß es zwei Lele-Pangolins gibt, von denen aber nur eines Gegenstand kultischer Verehrung ist, scheint in späteren Publikationen von Professor Douglas unbeachtet zu bleiben.
27 V. W. Turner, *The Forest of Symbols.* Cornell 1967, S. 13.
28 E. E. Evans-Pritchard, *Theories of Primitive Religion.* Oxford 1965, S. 24–27. (Deutsch = *Theorien über primitive Religionen.* Frankfurt/M. 1968, S. 58–61).
29 R. Firth, »A Polynesian Aristocrat (Tikopia)«, in: J. B. Casagrande (Hrsg.), *op. cit.,* S. 17.
30 *Divinity and Experience: The Religion of the Dinka.* Oxford 1961.
31 M. Griaule, 1965, S. 37.
32 A. Kiev, *Transcultural Psychiatry.* New York 1972, S. 171–172.
33 Siehe etwa K. Thomas, *Religion and the Decline of Magic.* London 1971; A. MacFarlane, *Witchcraft in Tudor and Stuart England,* London 1970.
34 *Witchcraft, Oracles and Magic among the Azande.* Oxford 1938. (Deutsch = *Hexerei, Orakel und Magie bei den Zande.* Gekürzt. Frankfurt/M. 1978).
35 *Ecstatic Religion.* (Penguin Books) London 1971.
36 Diese Interpretation geht mindestens bis auf C. Kluckhohns *Navaho Witchcraft* (Cambridge, Mass., 1944) zurück und klingt noch in jüngsten Arbeiten zu dem Thema an, beispielsweise: Lucy Mair, *Witchcraft.* London 1969, sowie Charles Harrington und J. W. M. Whiting, »Socialization Process and Personality«, in F. L. K. Hsu (Hrsg.), *Psychological Anthropology.* Cambridge (Mass.) 1972, S. 469–508; vgl. auch M. Marwick, »Witchcraft as a Social Strain-Gauge«, in: Marwick (Hrsg.), *Witchcraft and Sorcery.* (Penguin Modern Sociology Readings) London 1970, S. 280–295.
37 *Proceedings of the Royal Anthropological Institute,* 1966, S. 39–50. Siehe auch M. E. Spiro, »Virgin birth, parthenogenesis and physiological paternity, an essay in cultural interpretation«, in: *Man 1968, 242–261,* und Zuschriften in *Man 1968, S. 311–313, Man* 1968, S. 651–656 und *Man* 1969, S. 132–134.

38 Raymond Firth, »Twins, Birds and Vegetables«, in: *Man* 1966, S. 1–17 und E. E. Evans-Pritchard, *Man* 1966, S. 398. Siehe auch E. E. Evans-Pritchard, *Nuer Religion,* Oxford 1956, und James Littlejohn, »Twins, Birds, etc«, in: *Bijdragen Tot de Taal-, Land- en Volkenkunde* 1970, S. 91–114.

39 Nach meinem Dafürhalten allerdings nicht aus den Gründen, die Rodney Needham in seinem angestrengten Bericht über die Meinungen der Oxforder Sprachphilosophen vorbringt *(Belief, Language and Experience,* Oxford 1972). Ernest Gellners »Concepts and Society« *(Trans. Fifth World Congress of Sociologists,* 1962, Bd. I) finde ich hilfreicher, wenn es um die Diagnose der geradezu zwanghaften Tendenz des Anthropologen geht, alle exotischen Glaubensvorstellungen als gleichermaßen kohärent und zwingend zu behandeln und sich damit den Blick für signifikante Inkonsistenzen zu verstellen. Siehe auch die sehr interessanten, vom Standpunkt des Sozialpsychologen gemachten Bemerkungen Gustav Jahodas zu einigen der hier angesprochenen Fragen: »A Psychologist's Perspective«, in: P. Mayer (Hrsg.), *Socialization: the Approach from Social Anthropology.* A. S. A. Monograph 8. London 1970, S. 33–50. Siehe auch vom selben Autor: »Supernatural Beliefs and Changing Cognitive Structures among Ghanaian University Students«, in: *Journal of Cross-Cultural Psychology* 1970, S. 115–130, und »Social-Psychological Reflections on Religious Changes in Ghana«, in: *Religion* 1971.

40 Siehe *Natural Symbols: Explorations in Cosmology.* London 1970.

41 Gilbert A. Lewis, *The Recognition of Sickness and Its Causes: A Medical Anthropological Study of the Gnu, West Sepik District, New Guinea.* (Unveröffentlichte Ph.-Diss.) London University 1972. Dr. Lewis verwendet Venn-Diagramme, um die in aktuellen Fallgeschichten zur Erklärung von Krankheit vorkommenden Variablen darzustellen. Dies stellt eine bewundernswert prägnante Methode der Präsentation komplexer Daten dar und könnte auch zur Sammlung und Speicherung von direkt vergleichbarem Material Anwendung finden. Wenn diese methodologische Neuerung allgemein übernommen und mit entsprechender Sensibilität und Differenzierung angewendet würde, könnte sie mit der Zeit sogar zur Feststellung von quantifizierbaren Unterschieden in explanatorischen Systemen dienen.

Besessenheitskulte im sozialen Kontext

1 Eine umfangreiche Bibliographie von Arbeiten, die bis 1950 veröffentlicht wurden, findet sich bei Bouteiller (1950), S. 327–365; zu neueren Arbeiten s. Zaretsky und Shambaugh (1978).

2 Vgl. R. Firths umfassende Erörterung der Auswirkungen und Implikationen der persönlichen Präferenzen des Beobachters in der Religionssoziologie (R. Firth, 1959).

3 White vermutet, daß das häufige Vorkommen dieser Besessenheitszustände bei Luvalefrauen in diesem Kontext mit der Praxis der virilokalen Heirat zusammenhängt, die eine Frau von ihrer eigenen Verwandtschaft trennt und sie daran hindert, regelmäßig an Opferhandlungen für ihre eigenen Vorfahren teilzunehmen (White, 1961, S. 48). Diese Besessenheitszustände hatten demnach die Wirkung, die Frauen an ihre Familienverpflichtungen zu erinnern und auf diese Weise zu einer Aufrechterhaltung der matrilinearen Solidarität beizutragen.

4 Zu einer ausführlichen Erörterung vgl. Lewis (1969).

5 Der Übergang von der rigiden traditionellen Einstellung zur modernen expliziten Anerkennung der Liebe zeigt sich deutlich in vielen Gedichten von Ilmi Bownderi (ca. 1908–1938), der allgemein als der erste bedeutende Somalidichter gilt, der Gedichte in der klassischen Form geschrieben und dieses Thema unmittelbar behandelt hat. Die folgenden Verse gelten der Frau, die er liebte, die ihn jedoch nicht heiraten wollte, und verweisen direkt auf jene Form der Besessenheit, von der hier die Rede ist:

In trügerischer Ekstase entrückt, meinte ich, sie in den Armen zu halten,
aber es war nur ein Dschinn, der ihre Gestalt angenommen hatte.
Ich versuchte, ihre Hand zu ergreifen, doch der Platz neben mir war leer.
Als ich entdeckte, daß ich allein war, rang ich mit mir,
ich wachte plötzlich auf, nachdem ich mich hin und her gewälzt hatte.
und wie ein hungriger Löwe zerwühlte ich das Bettzeug,
fiel wütend darüber her, als wäre das Bett die Ursache meiner Entbehrung
und gleich einem Helden, gegen den sich die Männer verschworen haben, bedeckte ich mein Gesicht.
Ich war beschämt wie der Knabe, der die Kamele seiner Familie hüten sollte und sie sich wegnehmen ließ,
ich fühlte mich verstoßen wie eine Frau, zu der man die Scheidungsformel ausgesprochen hat.
Es ist erniedrigend, nach etwas zu schmachten, das man nicht haben kann,
aman, aman, wie hat mich das Unglück heimgesucht.
(Abdillah und Andrzejewski, 1967).

6 Im Anschluß an Trimingham (1959, S. 31 ff.) gebrauche ich den Begriff »Geistlicher (Kleriker)« als allgemeinen Terminus für verschiedene moslemische heilige Männer und religiöse Würdenträger, die – ohne unbedingt einer kirchlichen Hierarchie anzugehören – in allen islamischen Gesellschaften eine herausragende Rolle spielen.

7 Zu Einzelheiten dieser exorzistischen Prozedur s. I. M. Lewis (1969).

8 Hier bestehen offensichtliche Analogien mit so exotischen Phänomenen wie der sogenannten »*Wütiko*-Psychose«, die bei den Cree-

und den Ojibwa-Indianern in den nördlichen Wäldern Kanadas beobachtet wurde. Ähnlich dem *sar* der somalischen Kameljungen sind von diesem Leiden hauptsächlich Männer betroffen, in diesem Fall solche, die über längere Zeit hinweg allein in den tief verschneiten Wäldern gelebt und erfolglos nach Nahrung gesucht haben (Parker, 1960, S. 603). Ungeachtet seiner psychologischen Einordnung handelt es sich hier anscheinend um ein paralleles Kulturphänomen in Verbindung mit physischer und sozialer Isolation und Entbehrung und wird als Besessenheit durch einen riesenhaften Geist namens *Wütiko* erklärt.

9 Zu Berichten über diese im Sudan und in Nordafrika s. Tremearne (1914) und Westermarck (1926).

10 Die besten Veröffentlichungen über die *bori*-Kulte sind die Arbeiten von Tremearne (1913 und 1914), Greenberg (1946), Mary Smith (1954) und M. G. Smith (1957 und 1962).

11 Michael Onwuejeogwu, persönliche Mitteilung. Weitere hilfreiche Erläuterungen verdanke ich F. W. Parsons und Malam Esa von der School of Oriental and African Studies, London.

12 Wallace (1961) vertritt die Meinung, daß die arktische Hysterie (die in manchen Gegenden als *pibloktoq* bezeichnet wird) durch einen Kalziummangel in der Ernährung der Eskimos hervorgerufen wird. Damit läßt sich jedoch das häufigere Auftreten dieser Krankheit bei den Eskimofrauen nicht befriedigend erklären. Die Behauptung von Wallace, die Eskimos selbst würden das Syndrom nicht mit Geisterbesessenheit erklären, widerspricht den von Czaplicka und anderen namhaften Forschern erhobenen Befunden.

13 Colson (1960).

14 Vgl. Leach (1961) und Lewis (1965).

15 Wallace (1959) hat die interessante Meinung vertreten, daß die vorherrschenden Trends in der Psychotherapie möglicherweise mit soziokulturellen Faktoren zusammenhängen. In sozialen Systemen mit einem »hohen Grad der Organisation« liegt der Schwerpunkt einer solchen Therapie tendenziell auf einer expressiven Katharsis, während er in Gesellschaften mit einem »niedrigen Grad der Organisation« eher auf einer Selbstkontrolle des Patienten (mit einer Stärkung des Ichs oder des Über-Ichs) liegt. So war nach Wallace in der traditionellen Irokesengemeinschaft vor 1650 die dort praktizierte Psychotherapie hauptsächlich expressiv geprägt und mit schamanischen Ritualen verbunden. 200 Jahre später dagegen, nach den verheerenden Erschütterungen durch die Kolonisation, lag der Schwerpunkt der Psychotherapie auf einer Selbstkontrolle und war mit puritanischen Verkündigungsbewegungen verknüpft, in denen Schuldbekenntnisse eine wichtige Rolle spielten.

16 Vgl. z. B. Fortes (1959), Horton (1961) und Wallace (1961), S. 281 ff.

17 Unter den neueren zusammenfassenden Veröffentlichungen zu diesem Gegenstand sind besonders nützlich die Arbeiten von Thrupp (1962) und Lanternari (1963).

18 Zu einer neueren Untersuchung über schamanische Praktiken als Heilverfahren im ländlichen Frankreich und in Italien s. Bouteiller (1950), S. 199–248, und Penna (1963).

19 Vgl. Shepherd et al. (1964) und Shepherd (1981).

Hexenglauben von innen und von außen

1 Obgleich zur Geschichte peripherer Besessenheitskulte in traditionellen Gesellschaften im allgemeinen kaum etwas bekannt ist, berichten die meisten Beobachter solcher Kulte zumindest für Afrika, sie seien erst in diesem Jahrhundert aufgekommen. Da an ihnen (fast durchgängig) überwiegend Frauen teilnehmen und sie bis zu einem gewissen Grad offenkundig als Protestbewegung von Frauen fungieren, ist die Annahme gerechtfertigt, daß in ihnen eine veränderte Einstellung von Frauen gegenüber ihrer traditionellen Rolle zum Ausdruck kommt. Somit – und wie auch die Personen der auftretenden Geister vermuten lassen – sind diese Kulte offenbar Reaktionen auf gesellschaftliche Veränderungen und möglicherweise vielfach direkte Antworten auf die Diffusion moderner Vorstellungen von der Rolle einer Frau. Im Gegensatz zu Wilsons wenig einleuchtenden Behauptungen über die angeblich lückenlose Sozialisation von Frauen in traditionelle Rollen (Wilson, 1967) liegen in zahlreichen Fällen unmittelbare Hinweise vor, daß geisterbesessene Frauen bestimmte männliche Rollen einnehmen wollen, von denen sie jedoch ausgeschlossen werden, was für sie eine tiefe Kränkung bedeutet. Vgl. hierzu besonders Harris (1957).

2 Zu einer eingehenden Erörterung vgl. Beattie (1969).

3 Vgl. R. Turner (1970).

Der Kochtopf des Kannibalen

1 W. Arens, *The Man-Eating Myth*, New York 1979.

2 Vgl. A. Dubb (Hrsg.), *Myth in Modern Africa: The Fourteenth Conference Proceedings of the Rhodes-Livingstone Institute for Social Research*, Lusaka 1960, S. 145 ff.

3 P. M. Kaberry, »Witchcraft of the Sun: Incest in Nso«, in: M. Douglas/P. Kaberry (Hrsg.), *Man in Africa*, London 1969, S. 179.

4 M. Wilson, *Good Company: A Study of Nyakyusa Age-Villages*, London 1951.

5 P. Bohannan, *Justice and Judgement among the Tiv*, London 1957.

6 A. Richard, »Keeping the King Divine«, in: *Proceedings Royal Anthropological Institute*, London 1968, S. 23–36.

7 Diese Themen werden sehr anregend von zwei ostafrikanischen Autoren behandelt: G. Ogot, *Land without Thunder*, Nairobi

1968, und A. Osinya, *The Amazing Saga of Field Marshal Abdula Salim (or how the Hyena got his Tail)*, London 1977.

In dem Buch von Osinya, einer Schilderung des Schreckensregimes Idi Amins in Uganda, werden lokale politische Persönlichkeiten als verschiedene Tiergattungen dargestellt. Nur die Europäer behalten ihre menschliche Identität, leben außerhalb eines Wildparks und verzehren die zahlreichen Leichname, die ihnen das Amin-Regime liefert! (Ich danke Jacqueline Bardolph für diesen Hinweis.)

8 E. E. Evans-Pritchard, *Witchcraft, Oracles and Magic among the Azande*, Oxford 1937; gekürzte deutsche Ausgabe: *Hexerei, Orakel und Magie bei den Zande*, Frankfurt 1978.

9 E. E. Evans-Pritchard, *Nuer Religion*, Oxford 1956.

10 M. Kremser, »Das Bild der ›menschenfressenden Niam Niam‹ in den Berichten deutscher Forschungsreisender des 19. Jahrhunderts«, in: *Wiener Ethnohistorische Blätter* 21 (1981).

11 Evans-Pritchard, *Witchcraft, Oracles and Magic*, a. a. O.

12 Vgl. Elsdon Best, »Notes on the Art of War as Conducted by the Maori of New Zealand«, in: *Journal of Polynesian Society* 1902.

13 B. Malinowski, *Das Geschlechtsleben der Wilden*, Frankfurt/M. 1983.

14 Arens bezweifelt die Authentizität der aus dem 16. und späteren Jahrhunderten stammenden Berichte über den Kannibalismus der Tupi von Hans Staden, André Theret, Jean Léry und vielen anderen, unabhängigen Beobachtern. Diese detaillierten Berichte enthüllen jedoch wesentliche regionale Unterschiede, und ihr gemeinsames Zeugnis hält einer ernsthaften, kritischen Prüfung durchaus stand (Peter Riviere, persönliche Mitteilung).

15 Das gilt beispielsweise für die Hausa (nach Anne Lévy-Luxereau) und die Mofu in Nordkamerun (nach Jeanne-Françoise Vincent). Allgemein zu diesen Entsprechungen vgl. Jean Paulhan, *Le Repas et l'Amour.*

16 Marie-José Tubiana berichtet, daß in Äthiopien die Redewendung »jemandem ein Dorf zu essen geben; bedeutet, dem betreffenden Beamten das Recht einzuräumen, das besagte Dorf zu besteuern (und davon zu leben). Nach Tubiana wird bei den Zaghawa politische Machtergreifung als ein Vorgang der Verführung mit Hilfe verlockender Speisen dargestellt.

17 E. Jones, *On the Nightmare*, London 1949, S. 120.

18 »Cannibal of the Bois de Boulogne«, in: *The Observer*, 21. Juni 1981.

19 Vgl. G. Devereux, »Normal und anormal«, in ders., *Normal und anormal. Aufsätze zur allgemeinen Ethnopsychiatrie*, Frankfurt 1982.

20 Vgl. G. Devereux, *Mohave ethnopsychiatry and suicide: the psychiatric knowledge and the psychic disturbances of an Indian tribe*, Smithsonian Institution Bureau of American Ethnology, Bulletin 175, Washington 1961, S. 375.

1 Vilmos Voigt, »Shamanism in Siberia (A Sketch and a Bibliography)«. *Acta Ethnographica Academiae Scientiarum Hungaricae* 26 (1977), S. 385–395.

2 Siehe z. B. Â. Hultkrantz, »A Definition of Shamanism«, *Temenos* 9 (1973); A.-L. Siikala, *The Rite Technique of the Siberian Shaman,* Helsinki 1978.

3 Zu neueren Untersuchungen von zeitgenössischen sowjetischen Gelehrten siehe V. N. Basilov, »Some Results of the Study of the Vestiges of Shamanism in (the) Central Asia«, *International Congress of Anthropological and Ethnological Sciences,* Holland 1981; L. P. Potapov, »Altaic Shamanism: Essay in Historical Dating«, in: S. A. Arutyunov (Hrsg.), *General Problems of Ethnography,* Moskau 1978. Zu den Arbeiten der ungarischen Wissenschaftler siehe V. Voigt (Anm. 1); V. Diószegi, *Tracing Shamans in Siberia,* Holland 1968; M. Hoppál, »Traces of Shamanism in Hungarian Folk Beliefs«, *The Comparative Study of the Early Forms of Religion,* Sarospatak (Ungarn), Sept. 1981.

4 Siehe z. B. Andreas Lommel, *Die Welt der frühen Jäger: Medizinmänner, Schamanen, Künstler,* München 1965.

5 Hier ist jedoch ebenso wie auf eine starke Tradition von Spezialisten, die über sibirischen und mongolischen Schamanismus gearbeitet haben (z. B. Lot-Falck und Später Hamayon), auf zwei Arbeiten von Michel Leiris hinzuweisen: »La croyance aux genies ›Zar‹ en Ethiopie du Nord«, *Journal de la psychologie normale et pathologique,* 1938; »Die Besessenheit und ihre theatralischen Aspekte bei den Äthiopiern von Gondar«, in: *Die eigene und die fremde Kultur,* Frankfurt 1979, S. 135–27 (Erstveröffentlichung 1958). Obwohl er nur Äthiopien behandelt, war Leiris einer der ersten, der die Bedeutung von Schamanen und Schamanismus in Afrika allgemein hervorgehoben hat – eine Region, die in Mircea Eliades wichtigem Buch ausdrücklich ausgelassen wurde, das erstmals 1951 auf französisch erschien und den französischen Lehrern und Kollegen des Autors gewidmet war, von Leiris merkwürdigerweise jedoch nicht erwähnt wird.

6 Siehe E. de Martino, *Il Mondo Magico,* 1948. Dieser Punkt ist nachdrücklich von Romano Mastromattei hervorgehoben worden: »Shamanism: History, Limits and Prospects for Research in Italy«, Vortrag auf dem Symposium *The Comparative Study of the Early Forms of Religion: Shamanism in Eurasia,* Sarospatak, Ungarn, Sept. 1981. Meiner Meinung nach nimmt Shirokogoroff mit seiner Vorstellung von Geistern als Hypothesen viele Gedanken des zeitgenössischen englischen Anthropologen Robin Horton vorweg, siehe z. B. dessen Aufsatz »Neo-Tayloreanism: sound sense or sinister prejudice«, *Man* 1968. Es wäre nicht übertrieben, Shirokogoroff als revolutionären Pionier auf dem Gebiet der Ethno-Medizin in Anspruch zu nehmen. Seine Einsicht aus dem Jahr 1935, daß »die europäische Medizin selbst ein ethnographisches Phänomen (ist)«,

war in der Tat bemerkenswert. Shirokogoroffs Einfluß beschränkt sich jedoch nicht auf seine Veröffentlichungen. Der führende zeitgenössische Anthropologe Chinas, Professor Fei Xiao-Tong, war nach seinen eigenen Worten einer seiner Schüler und von ihm zur London School of Economics geschickt worden, um bei Malinowski Anthropologie zu studieren.

7 Zu einer neueren Diskussion der Literatur siehe J. G. Oosten, *The Theoretical Structure of the Religion of the Netsilik and Iglulik*, Groningen 1980.

8 Siehe z. B. H. Codere (Hrsg.), *Franz Boas: Kwakiutl Ethnography*, Chicago 1966, S. 120–171 et passim.

9 Im Fall des schwedischen Anthropologen K. E. Knutsson und dessen brillanter Untersuchung der Oromo-Religion (*Authority and Change*, Göteborg 1967), die sich explizit Lienhardts Untersuchung der Dinka als Vorbild gewählt hat, ist dieser Einfluß so stark, daß der Begriff »Schamane« anscheinend vollständig exorziert wurde, obgleich das Phänomen als solches eindeutig vorhanden ist.

10 J. T. Hitchcock und Rex L. Jones (eds.), *Spirit Possession in the Nepal Himalayas*, Warminster 1976, und Vincent Crapanzano und V. Garrison (Hrsg.), *Case Studies in Spirit Possession*, New York 1977.

11 Vgl. J. Goody, »Bridewealth and Dowry in Africa and Eurasia« in: J. Goody and S. Tambiah (Hrsg.), *Bridewealth and Dowry*, Cambridge 1973, und I. M. Lewis, »Exotische Glaubensvorstellungen und die Produktionsweise der Feldforschung in der Anthropologie« in: Hans Peter Duerr (Hrsg.), *Der Wissenschaftler und das Irrationale*, Bd. 1, Frankfurt 1981, S. 184–212.

12 Raymond Firth, *Tikopia Ritual and Belief*, London 1964, S. 296.

13 Dieser tungusische Ursprung ist allgemein akzeptiert. Man hat jedoch auch behauptet, das Wort könne seinen letzten Ursprung im vedischen *sram* haben (sich erhitzen oder der Askese hingeben) und im vedischen *sramana* (Asket). Nach Sir Harold Bailey gelangte das Wort von Indien nach Asien in der Form des Shan-Königreichs *samana*, erreichte China als *Shamen* und Japan als *Shamon;* zit. in: C. Blacker, *The Catalpa Bow*, London 1975, S. 318. Siehe auch V. Voigt, a. a. O.

14 Mircea Eliade, *Schamanismus*, S. 461.

15 A. a. O., S. 465.

16 Insbesondere A. Lommel, a. a. O.

17 Wilhelm Schmidt, *Der Ursprung der Gottesidee*, Münster 1912–1955, Bd. XII.

18 L. de Heusch, »Cultes de possession et religions initiatiques de salut en Afrique«, *Annales du Centre d'Etude des Religions*, Brüssel 1962.

19 L. de Heusch, *Pourquoi l'épouser?* Paris 1971, S. 226–244.

20 G. Rouget, *La musique et la trance, esquisse d'une théorie génerale des relations de la musique et de la possession*, Paris 1980.

21 E. Bourguignon, *Possession*, San Francisco 1976.

22 A. a. O., S. 44–49.

23 M. Douglas, *Natural Symbols,* London 1970, S. 86–98.

24 S. M. Shirokogoroff, *The Psychomental Complex of the Tungus,* London 1935, S. 269.

25 A. a. O., S. 366.

26 A. a. O., S. 274.

27 Wie Anna-Leena Siikala in ihrer glänzenden Deutung des sibirischen Materials zu Recht betont, sind solche Stimulantien natürlich keineswegs wesentlich. *The Rite Technique of the Siberian Shaman,* Helsinki 1978, S. 333.

28 Shirokogoroff, a. a. O., S. 121 f.

29 Zu neueren Arbeiten über tungusischen und sibirischen Schamanismus siehe den Beitrag von A. A. Anisimov in: H. N. Michael (Hrsg.). *Studies in Siberian Shamanism* (aus russischen Quellen übersetzt) 1963, und andere, die bei Voigt (a. a. O.) angeführt werden; E. Lot-Falck, *Les rites de chasse chez des peuples siberiéns,* Paris 1963; dies., »Le chamanisme en Sibérie: essai de mise au point«, *Asie du Sud-Est et Monde Insulindien* 4 (1973); L. Delaby, *Chamanes Toungouses,* Paris 1976; D. Bayle (Hrsg.), *Voyages Chamaniques,* L'Ethnographie (N. S.) 1977; V. N. Basilov, a. a. O.; L. P. Potapov, a. a. O.

Zum buriätischen Schamanismus siehe R. Hamayon, »Le héros de service«, *L'homme* 18 (1978), S. 17–45; ders., »Is there a typical female exercise of Shamanism in patrilineal societies such as Buryat?«, *The Comparative Study of Early Forms of Religion,* Sarospatak, Ungarn, Sept. 1981; C. Humphrey, »The use of genealogy: A historical study of the nomadic and sedentarised Buryat«, *Pastoral Production and Society,* Cambridge 1979, S. 235–260.

Zum lappischen Schamanismus siehe L. Bäckman und Â. Hultkrantz, *Studies in Lapp Shamanism,* Stockholm 1978.

30 Anna-Leena Siikala, a. a. O.

31 C. Blacker, a. a. O. Vgl. auch I. Hori, *Folk Religion in Japan,* Chicago 1968.

32 C. Blacker, a. a. O.

33 Wie man unschwer sieht, lehnt sich diese Definition eng an Shirokogoroff an.

34 M. Eliade, a. a. O., insbesondere Kap. IV, S. 116–147.

35 »Da schamanische Seancen in der Mehrzahl nichts anderes sind als Ereignisse der Heilung, ist es kaum zufällig, daß praktisch entsprechende Zustände der Geister- und der Dämonenbesessenheit in denselben Gegenden auftreten. Somit würde die Erklärung einer Krankheit: ›der Dämon ist in den Kranken gefahren‹ wiederum zur Popularisierung der Schamanentechnik vom Besessenheitstypus beitragen.« Anne-Leena Siikala, a. a. O., S. 335 f.

36 V. Turner, *The Ritual Process: Structure and Anti-Structure,* London 1969.

37 A.-L. Siikala, a. a. O. Professor Siikalas Modell des Schamanismus als einer Rollenübernahme bezieht sich in erster Linie auf die Struktur der Seance selbst. Da man jedoch häufig zu Recht

beobachtet hat, daß der Schamane in der Seance seine ursprüngliche, traumatische Erfahrung wiederholt, so wäre eine gewisse Parallelität zwischen der Struktur des Initiationsprozesses und der Seance zu erwarten.

38 I. M. Lewis, *Ecstatic Religion*, London 1971, S. 66 ff.

39 L. Honko, »Role-taking of the shaman«, *Temenos* 4 (1969).

40 A.-L. Siikala, a. a. O.

41 Vgl. z. B. C. S. Kessler (die allerdings den Begriff »Schamane« nicht verwendet): »Conflict and Sovereignty in Kelantanese Malay Spirit Seances«, in: V. Crapanzano und V. Garrison (Hrsg.), *Case Studies in Possession*, New York 1977, S. 295–332.

42 Siehe insbesondere M. Leiris, »Die Besessenheit und ihre theatralischen Aspekte bei den Äthiopiern von Gondar«, a. a. O. (vgl. Anm. 6).

43 V. N. Basilov, »Some Results of the Study of the Vestiges of Shamanism in Central Asia«, a. a. O.

Die Macht der Vergangenheit: Afrikanische »Überreste« im Islam

1 Sophie Ferchiou (1972).

2 Vgl. z. B. E. Gellner (1982).

3 Vgl. A. J. Arberry (1950), S. 23. Im Kontext des Somali-Islam wird dieser Punkt erörtert von B. W. Andrzejewski (1974).

4 E. Marx (1977), S. 29–50.

5 I. M. Lewis (1955), S. 56.

6 Die hauptsächlichen Quellen werden behandelt in I. M. Lewis (1971), S. 101–104.

7 M. Swantz (1970); s. a. M. Strobel (1979).

8 *The Influence of Islam on Africa*, London 1968.

9 »Conversion reconsidered: some historical aspects of religious conversions in Black Africa«, *Africa*, 43 (1973).

10 I. M. Lewis (1980 a), S. vii und 59, und Horton (1975).

11 D. Parkin (1970 und 1972).

12 U. Braukamper (1977); B. W. Andrzejewski (1975), S. 139 f. Vgl. a. I. M. Lewis (1980 b), S. 409–415.

13 In anderen Kontexten bezeichnet das Wort Individuen oder Gruppen von Einwanderern, die mit lokalen Somali-Clans verbunden sind. Offenbar hat es die allgemeine Bedeutung von etwas Fremdem, das einem Gegenstand oder einer Person aufgezwungen oder übergestülpt wird. In der Somalisprache lautet der Oberbegriff für Besessenheit *gelid*, wörtlich »eintreten«.

14 In Somali auch als »äthiopisches *sar*« bekannt. Die Anführerin des Frauenkults heißt *alaaqad*, vermutlich eine Ableitung des amharischen *alaqa*, Priester; s. a. Giannattasio (1983).

15 Vgl. I. M. Lewis (1971).

16 Vgl. Jon Andersons interessante Beobachtung, daß im islamischen Afghanistan die gesellschaftlich aufgestiegenen Frauen häufig den

Schleier annehmen, während die Frauen der Nomaden ihn ablegen; ders. (1982), S. 397–420.

17 V. Luling (1966).

18 L. W. Saunders (1977); S. Morsy (1978).

19 Im Sudan wird *sar* im allgemeinen auch mit dem arabischen Wort *dastur* bezeichnet, »Verfassung« oder »Pflock« – wobei das letztere auf die Macht anspielt, die die Geister über ihre menschlichen Untertanen ausüben. Zu neueren Darstellungen des sudanesischen *sar* s. Samia al-Hadi al-Nagar (1980), P. Constantinides (1977), Anne Cloudsley (1983) und Ahmed Al-Shahi (1984), S. 28–44.

20 Häufig ehemalige Sklavinnen, Witwen oder geschiedene Frauen.

21 Professor Lidiwen E. M. Kapteijns, persönl. Mitteilung.

22 Es ist nicht gesagt, daß es immer nur einen einzigen Kult für Frauen und Männer gibt. Mancherorts, so z. B. bis zu einem gewissen Grad in Khartum und auf der Insel Maffia (A. P. Caplan 1975) bestehen getrennte Kulte für Frauen aus der Bourgeoisie und für Männer mit niedrigem Status.

23 Wie z. B. im Fall des iranischen Kults der von *bad*- (oder »Wind«-) Geistern »Besessenen der Atmosphäre«. Vgl. D. J. Marsden (1972).

24 Obgleich etliche undatierte Manuskripte, in denen Ereignisse aus dem Äthiopien des 17. Jahrhunderts aufgezeichnet sind, sich auf *sar* beziehen, findet sich das erste mit Sicherheit datierte Auftreten des Wortes bislang in einer Übersetzung, die zu Beginn des 19. Jahrhunderts von einem alten Äthiopier aus Gondar angefertigt wurde, der in Kairo lebte; s. M. Rodinson (1964), S. 238–245; W. G. Plowden (1868), S. 264 ff., und J. Borelli (1890), S. 133. In Lanes enzyklopädischem Werk *Manners and Customs of the Modern Egyptians* (1836) wird der *sar*-Kult nicht erwähnt. In Khartum wird zwar auch der Begriff *sar* verwendet, aber in der Regel bezeichnet man dort die Geister und den Kult als *dastur* (das arabische Wort für »Verfassung«). So ist es interessant, daß Lane (a. a. O., S. 229) für seine Zeit vermerkt, daß die Bewohner Kairos mit diesem Wort die Geister (»Dschinnen«) zu bezeichnen pflegten, von denen nach ihrem Glauben die Luft erfüllt war. Dem verstorbenen Professor Tijani al-Mahi zufolge, der ausgedehnte historische und psychiatrische Forschungsarbeiten zu diesem Thema durchgeführt hat, gelangte der *sar*-Kult 1905 in den Sudan und wurde in Ägypten in den Jahren nach 1890 von Ali Pascha Mubarak als ein »Verhängnis« bezeichnet, »das sich jetzt in unserem Land ausbreitet«. Nach B. MacDonald (1911), S. 332, waren der Begriff *sar* und der Kult in Ägypten bis 1880 unbekannt.

25 M. Leiris (1980); J. Tubiana (1954), S. 76–90.

26 M. Leiris (1980), S. 38. Leiris bemerkt außerdem (S. 58), daß in Gondar die *sar*-Geister nach dem Tod von Kaiser Johannes in der äthiopischen Niederlage gegen die Streitkräfte des sudanesischen Mahdi in der Schlacht von Matamma (1889) vorübergehend verschwunden waren.

27 Vgl. Kap. 2. E. E. Alpers (1981) legt eine ähnliche Deutung der

Ausdehnung dieses Kults mit Verbindungen zu Äthiopien in einer Phase der zunehmenden islamischen Orthodoxie vor.

28 Vgl. E. Westermarck (1926), Bd. 1, S. 395 f.; V. Crapanzano (1973); D. F. Eickelman (1981) und R. Jamous (1981).

29 Das gilt natürlich gleichermaßen für das Wechselverhältnis zwischen Zentrum und Peripherie anderer Weltreligionen und Ideologien; es sind Prozesse, die im indischen Hindukontext von McKim Marriott (1955) eingehend anhand der Kategorien »Partikularisierung« (»parochialization«) der größeren Tradition und »Universalisierung« (»universalization«) der kleineren Tradition untersucht wurden. Zu einer neueren wichtigen Erörterung dieser Aspekte im Islam vgl. D. Eickelman (1983).

Bibliographie

'Abdillah, M. F. und Andrzejewski, B. W. (1967), »The life of 'Ilmi Bownderi, a Somali poet who is said to have died of love«, *Journ. Folkl. Inst.*, 4 (1967), S. 191–206.

Aberle, D. F. (1952), »Arctic hysteria and *latah* in Mongolia«, *Trans. N. Y. Acad. Sci.*, 2. Folge, 14 (1952), S. 291–297.

Agar, M. H. (1982), »Towards an ethnographic language«, *American Anthropologist*, 84 (1982), S. 779–795.

Alexandre, P. (1974), »On some witches and a predicant«, in: J. Davis (Hrsg.), *Choice and Change: Essays in Honour of Lucy Mair*, London 1974.

al-Nagar, Samia al-Hadi (1980), »Zaar practitioners and Their Assistants and Followers in Omdurman«, in: V. G. Pons (Hrsg.), *Urbanization and Urban Life in the Sudan*, University of Khartoum, Development Studies and Research Centre 1980.

Alpers, E. A. (1981), »Female subculture in nineteenth century Zanzibar: the Kitimiri spirit possession cult«, unveröff. Vortrag vor der Konferenz »African Women in History« im Mai 1981 an der University of Santa Clara.

Al-Shahi, Ahmed (1984), »Spirit possession and healing: the Zar among the Shaygiyya of the Northern Sudan«, *Bulletin British Society for Middle Eastern Studies* 11, (1984), S. 28–44.

Anderson, J. W. (1982), »Social interaction and the veil: comportment and the composition of interaction in Afghanistan«, *Anthropos*, 77 (1982), S. 397–420.

Andrzejewski, B. W. (1974), »The veneration of Sufi saints and its impact on the oral literature of the Somali people and on their literature in Arabic«, *African Language Studies*, 15 (1974), S. 15–35.

– (1975), »A genealogical note relevant to the dating of Sheikh Hussein of Bale«, *Bulletin, School of Oriental and African Studies*, 38 (1975), S. 139 f.

Anisimov, A. F. (1963), »The shaman's tent of the Evenks and the origin of the shamanistic rite«, in: H. N. Michael (Hrsg.), *Studies in Siberian Shamanism*, Arctic Institute of North America, Anthropology of the North, Translations from Russian Sources 4, Toronto.

Anonym (1972), *Department of Anthropology 1972/73* (Broschüre), London School of Economics and Political Science.

– (1981), »Cannibal of the Bois de Boulogne«, *The Observer*, 21. Juni 1981.

Arbery, A. J. (1950), *Sufism*, London 1950.

Ardener, E. (1972), »Belief and the problem of women«, in: J. S. La Fontaine (Hrsg.), *The Interpretation of Ritual*, London 1972.

Ardener, E. und S. (1965), »A directory study of social anthropologists«, *British Journal of Sociology*, 16 (1965), S. 295–314.

Arens, William (1979), *The Man-Eating Myth: Anthropology and Anthropophagy*, London 1979.

Bachman, L. und A. Hultkrantz (1978), *Studies in Lapp Shamanism*, Stockholm 1978.

Banton, M. (Hrsg.) (1965), *The Relevance of Models for Social Anthropology*, London 1965.

Barclay, H. B. (1964), *Buuri al Lamaab: A Suburban Village in the Sudan*, New York 1964.

Basilov, V. N. (1981), »Zur Erforschung der Überreste von Schamanismus in Zentralasien«, in: Hans Peter Duerr (Hrsg.), *Sehnsucht nach dem Ursprung. Zu Mircea Eliade*, Frankfurt 1983, S. 207–225.

– (1984), »The study of shamanism in Soviet ethnography« in: M. Hoppal (Hrsg.), *Shamanism in Eurasia*, Göttingen 1984.

Bayle, D. (Hrsg.) (1977), *Voyages Chamaniques: L'Ethnographie*, o. O., 1977.

Beattie, J. (1961), »Group aspects of Nyoro spirit mediumship cult«, *Human Problems in British Central Africa (Rhodes-Livingstone Institute Journal)*, 30 (1961), S. 11–38.

– (1963), »Witchcraft and sorcery in Bunyoro«, in: J. Middleton und E. H. Winter, London 1963.

– (1966), »Ritual and social Change«, *Man*, 1 (1966), S. 60–74.

– (1969), »Spirit mediumship in Bunyoro«, in: J. Beattie und J. Middleton (1969).

– und J. Middleton (Hrsg.) (1969), *Spirit Mediumship and Society in Africa*, London 1969.

Berger, I. (1976), »Rebels or status seekers? Women as spirit mediums«, in: N. J. Hafkin und E. G. Bay (1976).

Best, Elsdon (1902), »Notes on the art of war as conducted by the Maori of New Zealand«, *Journal of the Polynesian Society*, 11 (1902), S. 41–44.

Bjerke, S. (1981), *Religion and Misfortune: The Bacwezi Complex and the other Spirit Cults of the Zinza of Northwestern Tanzania*, Oslo 1981.

Blacker, D. (1975), *The Catalpa Bow*, London 1975.

Bloch, M. und J. Parry (Hrsg.) (1982), *Death and the Regeneration of Life*, Cambridge 1982.

Bohannan, P. (1957), *Justice and Judgement among the Tiv*, London 1957.

– und G. Dalton (Hrsg.) (1962), *Markets in Africa*, Evanston, Illinois 1962.

Borelli, J. (1890), *Ethiopie Méridionale*, Paris 1890.

Bourguignon, E. (1976), *Possession*, San Francisco 1976.

Bouteiller, M. (1950), *Chamanisme et guérison magique*, Paris.

Braukämper, U. (1977), »Islamic principalities in southeast Ethiopia between the 13th and the 16th centuries«, *Ethiopianist Notes*, 1 (1977), Heft 1, S. 17–56; *Ethiopianist Notes* 1, (1977), Heft 2, S. 1–43.

Brown, P. und D. Tuzin (Hrsg.), (1983), *The Ethnography of Cannibalism*, Society for Psychological Anthropology, Washington 1983.

Buxton, J. C. (1973), *Religion and Healing in Mandari*, Oxford 1973.
Caplan, A. O. (1975), *Choice and Constraint in a Swahili Community*, London 1975.
Casagrande, J. B. (Hrsg.) (1960), *In the Company of Man*, New York 1960.
– und T. Gladwin (Hrsg.) (1956), *Some Uses of Anthropology: Theoretical and Applied*, Anthropological Society, Washington 1956.
Cerulli, E. (1923), »Note sul movimento musulmano della Somalia«, *Riv. Stud. Orient*, 10 (1923), S. 1–36.
Chavunduka, G. (1980), »Witchcraft and the law«, (Antrittsvorlesung an der University of Zimbabwe), *Zambezia*, 8 (1980), S. 129–147.
Clifford, J. (1983), »Power and dialogue in ethnography: Marcel Griaule's initiation«, in: G. W. Stocking (Hrsg.), *Observers Observed*, Madison 1983.
Cloudsley, Anne (1983), *Women of Omdurman: Life, Love and the Cult of Virginity*, London 1983.
Codere, H. (Hrsg.) (1966), *Franz Boas: Kwakiutl Ethnography*, Chicago 1966.
Colajanni, A. (1982), »Shamanism and social change: the killing of an Achuar shaman. Facts and interpretations«, Vortragsmanuskript, 44th Congress of Americanists, Manchester 1982.
Colson, E. (1958), *Marriage and the Family among the Plateau Tonga of Northern Rhodesia*, Manchester 1958.
– (1969), »Spirit possession among the Tonga of Zambia«, in: J. Beattie und J. Middleton (1969).
Constantinedes, P. (1977), »Ill at ease and sick at heart: symbolic behaviour in a Sudanese healing cult«, in: I. M. Lewis (Hrsg.), *Symbols and Sentiments*, London 1977.
Crapanzano, V. (1973), *The Hamadsha: A Study in Morrocan Ethnopsychiatry*, Berkeley 1973.
– und V. Garrison (Hrgs.) (1977), *Case Studies in Spirit Possession*, London 1977.
Crawford, J. R. (1967), *Witchcraft and Sorcery in Rhodesia*, London, 1967.
Czaplicka, M. A. (1914), *Aboriginal Siberia*, Oxford 1914.
Davis, J. (Hrsg.), *Choice and Change: Essays in Honor of Lucy Mair*, London 1974.
de Heusch, Luc (1962), »Cultes de possession et religions initiatiques de salut en Afrique«, *Annales du Centre d'Etudes des Religions*, Bd. 2, Brüssel 1962.
– (1966), *Le Ruanda et la civilisation interlacustre*, Brüssel 1966.
– (1971), *Pourquoi l'épouser?* Paris 1971.
Delaby, L. (1977), *Chamanes Toungouses*, Université de Paris, Laboratoire d'Ethnologie et de Sociologie Comparative, Centre d'Etudes Mongoles, Nanterre 1977.
de Martino, E. (1948), *Il Mondo Magico*, Turin 1948.

Devereux, G. (1956), »Normal und anormal«, in: *Normal und anormal. Aufsätze zur allgemeinen Ethnopsychiatrie,* Frankfurt 1974.
– (1961), *Mohave Ethnopsychiatry and Suicide: the Psychiatric Knowledge and the Psychic Disturbances of an Indian Tribe,* Smithsonian Institution, Bureau of American Ethnology, Bulletin 175, Washington, D. C. 1961.
Dioszegi, V. (1968), *Tracing Shamans in Siberia,* Oosterhout 1968.
Douglas, M. (1957), »Animals in Lele religious symbolism«, *Africa,* 27 (1957), S. 46–58.
– (1966), *Purity and Danger,* London 1966; deutsch: *Reinheit und Gefährdung,* Frankfurt a. M. 1987.
– (1967), »Witch beliefs in central Africa«, *Africa,* 37, Nr. 1, S. 72–80.
– (1970a), *Natural Symbols: Explorations in Cosmology,* London 1970.
– (1970b) (Hrsg.), *Witchcraft Confessions and Accusations,* London 1970.
– und P. Kaberry (Hrsg.) (1969), *Man in Africa,* London 1969.
Dubb, A. (Hrsg.) (1960), *Myth in Modern Africa: The Fourteenth Conference Proceedings of the Rhodes-Livingstone Institute for Social Research,* Lusaka 1960.
Earthy, E. (1933), *Valenge Women,* London 1933.
Edel, M. M. (1957), *The Chiga of Western Uganda,* London 1957.
Eickelman, D. F. (1981), *The Middle East,* New Jersey 1981.
– (1983), »The study of Islam in local contexts«, *Contributions to Asian Studies 18,* (1983), S. 1–16.
Eliade, Mircea (1951), *Schamanismus und archaische Ekstasetechnik,* Zürich 1957.
Ellen, R. F. (Hrsg.) (1984), *Ethnographic Research: A Guide to General Conduct,* London 1984.
Elliot, A. J. A. (1955), *Chinese Spirit Medium Cults in Singapore,* London 1955.
Epstein, A. L. (1958), *Politics in an Urban African Community,* Manchester 1958.
– (1979), »Unconscious factors in the response to social crisis: a case study from central Africa«, in: *The Psychoanalytic Study of Society,* Bd. 8, New Haven 1979.
Evans-Pritchard, E. E. (1937), *Witchcraft, Oracles and Magic among the Azande,* Oxford 1937; deutsch (gekürzt): *Hexerei, Orakel und Magie bei den Zande,* Frankfurt 1978.
– (1951), *Social Anthropology.* London; deutsch: »Sozialanthropologie gestern und heute«, in: *Theorien über primitive Religionen,* Frankfurt 1968.
– (1956), *Nuer Religion,* Oxford 1956.
– (1965a), *Theorien über primitive Religionen,* Frankfurt 1968.
– (1965b), »Zande Cannibalism«, in: *The Position of Women in Primitive Societies and Other Essays in Social Anthropology,* London 1965.

– (1966), »Twins, Birds und Vegetables« (Brief), *Man* 1 (1966), S. 398 f.

Ferchiou, Sophie (1972), »Survivances mystiques et cultes de possession dans le maraboutisme Tunisien«, *L'Homme*, 12 Heft 3, (1972), S. 47–69.

Field, M. J. (1960), *Search for Security: An Ethnopsychiatric Study of Rural Ghana*, London 1960.

Firth, Raymond (1959), »Problem and Assumption in an anthropological study of religion«, *Journal of the Royal Anthropological Institute*, 89 (1959), S. 129–148.

– (1960), »A Polynesian aristocrat (Tikopia)« in: J. B. Casagrande (1960).

– (1966), »Twins, birds and vegetables: problems of identification in primitive religious thought«, *Man*, 1 (1966) S. 1–17.

– (1967), *Tikopia Ritual and Belief*, London.

Firth, Rosemary (1972), »From wife to anthropologist«, in: S. T. Kimball und J. B. Watson (1972).

Fisher, H. J. (1973), »Conversion reconsidered: some historical aspects of religious conversions in Black Africa«, *Africa*, 43 (1973) S. 27–40.

Forge, A. (1970), »Prestige, influence and sorcery: a New Guinea example«, in: M. Douglas (1970).

– (1972), »The Golden Fleece«, *Man*, 7 (1972), S. 527–540.

Forsyth, D. (1983), »The beginnings of Brazilian anthropology: Jesuits and Tupinamba cannibalism«, *Journal of Anthropological Research*, 2 (1983), S. 147–178.

Fortes, M. (1959), *Ödipus und Hiob in westafrikanischen Religionen.* Frankfurt a. M. 1966.

– und G. Dieterlen (Hrsg.) (1965), *African System of Thought*, London 1965.

Fortune, R. (1953), *Manus Religion*, American Philosophical Society, Philadelphia 1953.

Foster, G. (1965), »Peasant society and the image of limited good«, *American Anthropologist*, 67 (1965) S. 293–315.

Fraenkel, P. J. (1959), *Wayaleshi*, London 1959.

Freilich, M. (Hrsg.) (1970), *Marginal Natives: Anthropologists at Work*, New York 1970.

Freud, S. (1913), *Totem und Tabu*, Ges. Werke IX, London 1944.

Friedland, W. H. (1960), »Some urban myths in East Africa«, in: A. Dubb (1960).

Geertz, C. (1984), »Distinguished lecture: anti anti-relativism«, *American Anthropologist*, 86 (1984), S. 263–278.

Gellner, E. (1962), »Concepts and society«, *Proceedings Fifth World Congress of Sociologists* 1, 1962.

– (1982), *Muslim Society*, Cambridge 1982; deutsch: *Leben im Islam*, Stuttgart 1985.

Giannattasio, F. (1983), »Somalia: La terapia Corentico-musicale del Mingis«, *Culture musicale, quaderni di etnomusicologia* 2, (1983), S. 93–119.

Gifford, E. W. (1929), *Tongan Society,* Honolulu 1929.
Gluckman, M. (1954), *Rituals of Rebellion in South-East Africa,* Manchester 1954.
– (1963), *Order and Rebellion in Tribal Africa,* London 1963.
Greenberg, J. (1946), *The Influence of Islam on a Sudanese Religion,* American Ethnological Society, New York 1946.
Griaule, M. (1965), *Conversations with Ogotommeli,* London 1965.
Gussow, Z. (1960), »*Pibloktoq* (hysteria) among the polar Eskimo«, in: W. Muensterberger (1960).
Hafkin, N. H. und E. G. Bay (Hrsg.) (1976), *Women in Africa,* Stanford 1976.
Hall, T. H. (1962), *The Spiritualists,* London 1962.
Hallpike, C. R. (1972), *The Konso of Ethiopia,* Oxford 1972.
Hamayon, R. (1978), »Le héros de service«, *L'Homme,* 18 (1978), Heft 3/4, S. 17–45.
– (1984), »Is there a typically female exercise of shamanism in patrilinear societies such as the Buryat?«, in: M. Hoppal (1984).
Harrington, C. und J. M. Whiting (1972), »Socialisation process and personality«, in: F. L. K. Hsu (1972).
Harris, G. (1957), »Possession ›hysteria‹ in a Kenyan tribe«, *American Anthropologist,* 59 (1957), 1046–1066.
Harris, M. (1977), *Cannibals and Kings,* New York 1977.
Harwood, A. (1970), *Witchcraft, Sorcery and Social Categories among the Safwa,* London 1970.
Hitchcock, J. T. und R. L. Jones (Hrsg.) (1976), *Spirit Possession in the Nepal Himalayas,* Warminster 1976.
Hjort, A. (1979), *Savanna Town: Rural Ties and Urban Opportunities in Northern Kenya,* Studies in Social Anthropology, Stockholm 1979.
Hogbin. H. I. (1934), *Law and Order in Polynesia,* London 1934.
Hollingshead, A. B. und F. C. Redlich (1958), *Social Class and Mental Illness,* New York 1958.
Holm, N. G. (Hrsg.) (1982), *Religious Ecstasy,* Stockholm 1982.
Hoppal, M. (1984), »Traces of shamanism in Hungarian folk beliefs«, in: M. Hoppal (Hrsg.) (1984), *Shamanism in Eurasia,* S. 430–449.
Hori, I. (1968), *Folk Religion in Japan,* Chicago 1968.
Horton R. (1961), »Destiny and the unconscious in West Africa« *Afrika,* 31 (1961), S. 110–116.
– (1968), »Neo-Tyloreanism: sound sense or sinister prejudice«, *Man,* 3 (1968), S. 625–634.
– (1975), »On the rationality of conversion«, *Africa,* 45 (1975), S. 373–399.
Hsu, F. L. K. (Hrsg.) (1961), *Psychological Anthropology: Approaches to Culture and Personality,* Homewood, Illinois 1961.
Hugh-Jones, S. (1980), *The Palm and the Pleiades,* Cambridge 1980.

Hultkrantz, A. (1973), »A definition of shamanism«, *Temenos,* 9 (1973), S. 25–37.
Humphrey, C. (1979), »The uses of genealogy: a historical study of the nomadic and sedentarised Buryat«, in: *Pastoral Production and Society,* Cambridge 1979.
Hunter, M. (1936), *Reaction to Conquest,* London 1936.
Hurgronje, S. (1931), *Mekka in the Later Part of the Nineteenth Century,* Leiden 1931.
Huxley, A. (1952), *Die Teufel von Loudun,* München 1955.
Ivens, W. G. (1927), *Melanesians of the S. E. Solomon Islands,* London 1927.
Jahoda, G. (1970a), »A psychologist's perspective«, in: P. Mayer (1970).
– (1970 b), »Supernatural beliefs and changing cognitive structures among Ghanaian university students«, *Journal of Cross-Cultural Psychology,* (1970), S. 115–130.
– (1971), »Social-psychological reflections on religious changes in Ghana«, *Religion,* (1971), S. 24–31.
Jamous, R. (1981), *Honneur et Baraka, les structures traditionelles dans le Rif,* Cambridge 1981.
Jarvie, I. C. (1983), »The problem of the ethnographic real«, *Current Anthropology* 24, (1983), S. 313–326.
Jones, Ernest (1949), *On the Nightmare,* London 1949.
Junod, H. A. (1922), *The Life of a South African Tribe,* New York 1922.
Kaberry, P. M. (1969), »Witchcraft of the sun: incest in Nso«, in: M. Douglas und P. Kaberry (1969).
Karim, Wazir-Jahan (1981), *Ma' Betisek Concepts of Living Things,* London 1981.
Karp, I. und C. S. Bird (Hrsg.) (1980), *Explorations in African Systems of Thought,* Bloomington 1980.
Kessler, C. S. (1977), »Conflict and sovereignty in Kelantanese Malay spirit seances«, in: V. Crapanzano und V. Garrison (1977).
Kiev, A. (Hrsg.) (1964), *Magic, Faith and Healing,* New York 1964.
– (1972), *Transcultural Psychiatry,* New York 1972.
Kimball, S. T. und J. B. Watson (Hrsg.) (1972), *Crossing Cultural Boundaries,* San Francisco 1972.
Kluckhohn, C. (1944), *Navaho Witchcraft,* Cambridge 1944.
Knutsson, K. E. (1967), *Authority and Change,* Göteborg 1967.
Koritschoner, H. (1936), »Ngoma Ya Sheitani: an east African native treatment for psychical disorder«, *Journal of the Royal Anthropological Institute,* 66 (1936), S. 209–217.
Kremser, M. (1981), »Das Bild der ›menschenfressenden Niam-Niam‹ in den Berichten deutscher Forschungsreisender des 19. Jahrhunderts«, *Wiener Ethnohistorische Blätter* 21 (1981).
Krige, E. J. (1936), *The Social System of the Zulus,* London 1936.
Kriss, R. und M. Kriss-Heinrich (1962), *Volksglaube im Bereich des Islam,* Wiesbaden 1962.

La Fontaine, J. S. (Hrsg.) (1972), *The Interpretation of Ritual,* London 1972.

Lane, E. W. (1836), *Manners and Customs of the Modern Egyptians,* London 1945.

Lanternari, V. (1963), *The Religions of the Oppressed,* London 1963.

Larose, S. (1977), »The meaning of Africa in Haitian vodu«, in: I. M. Lewis (1977).

Laubscher, B. H. F. (1937), *Sex, Custom and Psychopathology,* London 1937.

Leach, E. R. (1961), *Rethinking Anthropology,* London 1961.

– (1966), »Virgin birth« (The Henry Myers Lecture), *Proceedings of the Royal Anthropological Institute for 1966,* (1966), S. 39–49.

– (1970), *Lévi-Strauss,* London 1970.

Lee, S. G. (1950), »Some Zulu concepts of psychogenic disorder«, *S. Afr. J. Soc. Res.,* 2 (1950), S. 9–16.

– (1969), »Spirit possession among the Zulu« in: J. Beattie und J. Middleton (1969).

Legué, G. (1880), *Urbain Grandier et les possédés de Loudun,* Paris 1880.

Leiris, M. (1938), »La croyance aux génies ›Zar‹ en Ethiopie du Nord«, *Journal de la Psychologie normale et pathologique,* 25 (1938), S. 107–125.

– (1958), *La possession et ses aspects théatraux chez les Ethiopiens de Gondar,* Paris 1980.

Lessa, W. A. und E. Z. Vogt (Hrsg.) (1958), *Reader in Comparative Religion,* New York 1958.

Levine, D. M. (1965), *Wax and Gold: Tradition and Innovation in Ethiopian Culture,* Chicago 1965.

Levine, R. (1963), »Witchcraft and sorcery in a Gusii Community« in: J. Middleton und E. H. Winter (1963).

Lévi-Strauss, C. (1958), *Strukturale Anthropologie,* Frankfurt 1967.

– (1969), *Mythologica II: Vom Honig zur Asche,* Frankfurt 1972.

– (1971), *Mythologica IV: Der nackte Mensch,* Frankfurt 1975.

Lewis, G. (1975), *Knowledge of Illnes in a Sepik Society,* London 1975.

Lewis, I. M. (1955/1956), »Sufism in Somaliland«, *Bulletin, School of Oriental and African Studies,* 17 (1955) 581–600; (1956), S. 146–160.

– (1965), »Problems in the comparative study of unilineal descent«, in: M. Banton (1965).

– (1966 a), »Introduction«, in: *Islam in Tropical Africa,* London 1980.

– (1966 b), »Spirit possession and deprivation cults«, *Man,* 1 (1966), S. 307–329.

– (1967), »Spirit and the sex war«, *Man* 2, (1967), S. 626 ff.

– (1969), »Spirit possession in northern Somaliland«, in: J. Beattie und J. Middleton (1969).

– (1971), *Ecstatic Religion*, Harmondsworth 1971.
– (1976) *Social Anthropology in Perspective*, Harmondsworth 1976.
– (1977) Hg.), *Symbols and Sentiments*, London 1977.
– (1980), »The Western Somali Liberation Front (WSLF) and the legacy of Sheikh Hussein of Bale«, in: J. Tubiana (1980).
– (1983), »Spirit possession and biological reductionism: a rejoinder to Kehoe and Giletti«, *American Anthropologist*, 85 (1983), S. 412–416 f.

Lieban, R. (1967), *Cebuana Sorcery*, Berkeley 1967.

Lienhardt, G. (1961), *Divinity and Experience: The Religion of the Dinka*, Oxford 1961.

Lindblom, G. (1920), *The Akamba in British East Africa*, Uppsala 1920.

Linton, R. (1933), *The Tantala: A Hill Tribe of Madagascar*, Chicago 1933.

Little, A. (1965), »An ›expectancy‹ estimate of hospitalisation rates for mental illness«, *British Journal of Sociology*, 16 (1965), S. 221–231.

Littlejohn, James (1970), »Twins, birds etc.«, *Bijdragen Tot de Taal-, Landen Volkenkunde*, 126 (1970), S. 91–114.

Lommel, A. (1965), Die *Welt der frühen Jäger, Medizinmänner, Schamanen, Künstler*, Staatliches Museum für Völkerkunde, München 1965.

Lot-Falck, E. (1953), *Les rites de chasse chez des peuples sibériens*, Paris 1953.
– (1973), »Le chamanisme en Sibérie: essai de mise au point«, *Asie du Sud-Est et Monde Insulindien*, 4 (1973), S. 1–10.

Loudon, H. B. (1959), »Psychogenic disorders and social conflict among the Zulu«, in: M. K. Opler (1959).

Lowie, R. (1920), *Primitive Society*, London 1920.

Maalouf, A. (1984), *The Crusades through Arab Eyes*, London 1984.

MacCormack, C. (1983), »Human leopards and crocodiles«, in: P. Brown und D. Tuzin (1983).

Macdonald, B. (1911), *Aspects of Islam*, New York 1911.

Macfarlane, A. (1970), *Witchcraft in Tudor and Stuart England*, London 1970.

MacGaffey, W. (1970), »The religious commissions of the Bakongo«, *Man*, 5 (1970), S. 27–30.
– (1972), »Comparative analysis of central African religions«, *Africa*, 42 (1972), S. 21–31.
– (1980), »African religions: types and generalisations« in: I. Karp und C. S. Bird (1980).

Mair, Lucy (1969), *Witchcraft*, London 1969.

Malinowski, B. (1922), *Argonauten des westlichen Pazifik*, Frankfurt 1978.
– (1929), *Das Geschlechtsleben der Wilden*, Leipzig und Zürich 1929.

Marriott, McKim (1955), »Little communities in an indigenous civilisation«, in: McKim Marriott (Hrsg.), *Village India: Studies in the Little Community,* Chicago 1955.
Marsden, D. J. (1972), »Spirit possession on the Persian Gulf«, *Dyn* (Journal of the Durham Anthropological Society), 2 (1972).
Marwick, M. (1952), »The social context of Cewa witch beliefs«, *Africa,* 22 (1952), S. 120–135 und 215–253.
– (1965), »Some problems in the sociology of sorcery and witchcraft«, in: M. Fortes und G. Dieterlen (1965), S. 171–191.
– (1970), »Witchcraft as a social strain-gauge«, in: M. Marwick (Hrsg.), *Witchcraft and Sorcery,* London 1970.
Marx, E. (1972), »Communal and individual pilgrimage: the region of saints' tombs in South Sinai« in: R. P. Werbner (1972).
Mastromattei, R. (1984), »History, limits and prospects for research on shamanism in Italy«, in: M. Hoppal (1984).
Mayer, O. (Hrsg.) (1970), *Socialisation: The Approach from Social Anthropology,* (A. S. A. Monographie Nr. 8), London 1970.
Mead, M. (1972), »Fieldwork in high cultures«, in: S. T. Kimball und J. B. Watson (1972).
Messing, S. D. (1958), »Group therapy and social status in the Zar cult of Ethiopia«, *American Anthropologist,* 60 (1958), 1120–1127.
Metraux, A. (1959), *Voodoo in Haiti,* London 1959.
Michael, H. N. (Hrsg.) (1963), *Studies in Siberian Shamanism* (Arctic Institute of North America, Anthropology of the North, Translations from Russian Sources Nr. 4), Toronto 1963.
Middleton, J. (1960), *Lugbara Religion,* London 1960.
– (1969), »Oracles and divination among the Lugbara«, in: M. Douglas und P. Kaberry (1969).
– und E. Winter (Hg.) (1963), *Witchcraft and Sorcery in East Africa,* London 1963.
Morsy, S. (1978), »Sex roles, power and illness in an Egyptian village«, *American Ethnologist,* 5 (1978), S. 137–150.
Morton, A. (1973), *The Changing Position of Ethiopian Women,* unveröffentl. Social Science Research Council Report, London 1973.
Muensterberger, W. (Hrsg.) (1960), *Psychoanalysis and the Social Sciences,* New York 1960.
Murphy, R. (1972, *The Dialectics of Social Life,* London 1972.
Nadel, S. G. (1946), »A study od Shamanism in the Nuba hills«, *Journal of the Royal Anthropological Institute,* 76 (1946), S. 25–37.
– (1952), »Witchcraft in four African societies: an essay in comparison«, *American Anthropologist,* 54 (1952), S. 18–29.
Needham, R. (1967), »Right and left in Nyoro symbolic classification«, *Africa,* 37 (1967), S. 425–452.
– (1972), *Belief, Language and Experience,* Oxford 1972.
Ogot, Grace, *Land Without Thunder,* Nairobi 1972.
Oosten, J. G. (1980), *The Theoretical Structure of the Religion of the Netsilik and Iglulik,* Groningen 1980.

Opler, M. E. (1958), »Spirit possession in a rural area of northern India«, in: W. A. Lessa und E. Z. Vogt (1958).
Osinya, Alumidi (1977), *Field Marshall Abdulla Salim Fisi (or How the Hyena Got His Tail!)*, London 1977.
Packard, R. M. (1980), »Social change and the history of misfortune among the Bashu of Eastern Zaire«, in: I. Karp und C. S. Bird (1980).
Paques, Vivianne (1964), *L'Arbre cosmique dans la pensée populaire et dans la vie quotidienne du nord-ouest africain*, Institut d'Ethnologie, Paris 1964.
Parker, S. (1960), »The Wiitiko psychosis in the context of Ojibwa personality and culture«, *American Anthropologist*, 62 (1960), S. 603–623.
Parkin, D. (1970), »The politics of ritual syncretism: Islam among the non-Muslim Giriama of Kenya«, *Africa*, 40 (1970), S. 217–233.
– (1972), *Palms, Wine and Witnesses*, London 1972.
Pearce-Higgins, J. D. (1957), *Resurrection: A Study of the Facts*, Worthing 1957.
Penna, R. (1963), *La tarantella Napoletana*, Rivista di Etnografia, Neapel 1963.
Plowden, W. G. (1868), *Travels in Abyssinia and the Galla country*, London 1868.
Porter, Poole, F. (1983), »Cannibals, tricksters and witches«, in: P. Brown und D. Tuzin (1983).
Potapov, L. P. (1978), »Altaic shamanism: an essay in historical dating«, in: S. A. Arutyonov (Hrsg.), *General Problems of Ethnography*, Academy of Sciences, Institute of Ethnography, Moskau 1978.
Reichel-Dolmatoff, G. (1971), *Amazonian Cosmos*, Chicago 1971.
Richards, A. (1967), »African systems of thought: an Anglo-French dialogue«, *Man*, 2 (1967), S. 286–298.
– (1968), »Keeping the king divine«, *Proceedings Royal Anthropological Institute for 1968*, (1968), S. 23–36.
Rodinson, M. (1954), *Bibliotheca Orientalis*, 21, (1954), S. 238–245.
Rouch, J. (1960), *La religion et la magie Songhay*, Paris 1960.
Rouget, G. (1980), *La Musique et la transe*, Paris 1980.
Ruel, M. (1970), »Were-animals and the intravected witch«, in: M. Douglas (1970).
Sahlins, M. (1983), »Raw women, cooked men and other ›great things‹ of the Fiji Islands« in: P. Brown und D. Tuzin (1983).
Saunders, L. W. (1977) »Variants in Zar experience in an Egyptian village« in: V. Crapanzano und V. Garrison (1977).
Schmidt, Wilhelm (1912–1955), *Der Ursprung der Gottesidee: eine historisch-kritische und positive Studie*, 12 Bde., Münster 1912–1955.
Seymour-Smith, C. (1984), »Politics and ethnicity among the Peruvian Jivaro of the Rio communities«, unveröffentl. Diss., Universität London 1984.

Shack, W. (1966), *The Gurage*, London 1966.
Shepherd, M. (1981), *Psychiatric Illness in General Practice*, London 1981.
– B. Cooper, A. C. Brown und G. W. Kalton (1964), »Minor mental illness in London: some aspects of a general practice survey« *British Medical Journal*, 2 (1964), 1359–1563.
Shirokogoroff, S. M. (1935), *The Psychomental Complex of the Tungus*, London 1935.
Siikala, A. L. (1978), *The Rite Technique of the Siberian Shaman*, Helsinki 1978.
Skinner, E. P. (1966) »Islam in Mossi society« in: I. M. Lewis (1966).
Smith, M. G. (1957), »Social functions and meaning of Hausa praise-singing«, *Africa*, 27 (1957), S. 26–41.
– (1962), »Exchange and marketing among the Hausa«, in: P. Bohannan und G. Dalton (1962).
Smith, Mary (1954), *Baba of Karo*, London 1954.
Spiro, M. E. (1968), »Virgin birth, parthenogenesis and physiological paternity, an essay in cultural interpretation«, *Man*, 3 (1968), S. 242–261.
Stayt, H. (1931), *The BaVenda*, London 1931.
Sternberg, L. (1924), »Divine election in primitive religion«, *Proceedings of the 21st American Congress*, 2 (1924), S. 472–512.
Stewart, K. (1946), »Spirit possession in native America«, *South Western Journal of Anthropology*, 2 (1964), S. 323–239.
Stocking, G. W. (Hrsg.) (1983), *Observers Observed*, Madison.
Strathern, A. (1982), »Witchcraft, greed, cannibalism and death: some related themes from the New Guinea Highlands«, in: M. Block und J. Parry (1982).
Strobel, M. (1979), *Muslim Women in Mombasa 1890–1975*, New Haven 1979.
Swantz, M. (1970), *Ritual and Symbol in Transitional Zaramo Society*, Uppsala 1970.
Thomas, K. (1971), *Religion and the Decline of Magic*, London 1971.
Thrupp, S. L. (Hrsg.) (1962), *Millennial Dreams in Action*, Den Haag 1962.
Tremearne, A. J. N. (1913), *Hausa Superstitions and Customs*, London 1913.
– (1914), *The Ban of the Bori: Demons and Demon-Dancing in West and North Africa*, London 1914.
Trimingham, J. S. (1959), *Islam in West Africa*, Oxford 1959.
– (1968), *The Influence of Islam on Africa*, London 1968.
Tubiana, J. (1954), »Un culte des genes agrestes en Ethiopie«, *Rassegna di Studi Etiopici* 13, (1954), S. 76–90.
Turner, R. (1970), »Witchcraft as negative charisma«, *Ethnology* 9, (1970), S. 366–372.
Turner, V. W. (1960, »Muchona the hornet, interpreter of religion«, in: J. B. Casagrande 1960.

– (1967), *The Forest of Symbols,* Ithaca 1967.
– (1969), *The Ritual Process: Structures and Anti-Structure,* London 1969.
Voigt, V. (1977), »Shamanism in Siberia«, *Acta Ethnographica,* 26 (1977), S. 385–395.
Wallace, A. F. C. (1959), »The institutionalization of cathartic and control strategies in Iroquois religious psychotherapy«, in: M. K. Opler (1959).
– (1961), »Mental illness, biology and culture«, in: F. L. Hsu (1961).
Watson, W. (1958), *Tribal Cohesion in a Money Economy,* Manchester 1958.
Werbner, R. P. (1964), »Atonement ritual and guardian-spirit possession among the Kalanga«, *Africa,* 34 (1964), S. 206–222.
Westermarck, E. A. (1926), *Ritual and Belief in Morocco,* 2 Bde., London 1926.
Weyer, E. M. (1932), *The Eskimos: Their Environment and Folkways,* New Haven 1932.
Whisson, M. G. (1964), »Some aspects of functional disorders among the Kenya Luo« in: A. Kiev (1964).
White, C. M. N. (1961), *Elements in Luvale Beliefs and Rituals,* Rhodes-Livingstone Institute, Lusaka 1961.
Whyte, S. R. (1981), »Men, women and misfortune in Bunyole« *Man,* 16 (1981), S. 350–366.
Wilson, M. (1951), *Good Company: A Study of Nyakyusa Age-Villages,* London 1951.
Wilson, P. J. (1967), »Status ambiguity and spirit possession«, *Man,* 2 (1967), S. 366–378.
– (1967), »Spirits and the sex war«, *Man,* 2 (1967), S. 628 f.
Worsley, O. (1957), *The Trumpet Shall Sound: A Study of »Cargo« Cults in Melanesia,* London 1957; deutsch: die Posaune wird erschallen, Frankfurt a. M. 1973.
Wyllie, R. W. (1973), »Introspective witchcraft among the Effutu of Southern Ghana«, *Man,* 8 (1973), S. 74–79.
Zaretzky, I. und C. Shambaugh (1978), *Spirit Possession and Spirit Mediumship in Africa and Afro-America: An annotated Bibliography,* New York 1978.

Drucknachweise

Kapitel 1 beruht auf einer Antrittsvorlesung »The Anthropologist's Muse« vom 17. Oktober 1973 vor der London School of Economics. Die vorliegende gekürzte und überarbeitete Fassung erschien erstmals in deutscher Übersetzung in Hans Peter Duerr (Hrsg.), *Der Wissenschaftler und das Irrationale*, Bd. 1, Beiträge aus Ethnologie und Anthropologie, Frankfurt 1981, S. 184–212.

Kapitel 2 ist die überarbeitete Fassung der Malinowski Memorial Lecture 1966, ursprünglicher Abdruck in *Man* 1 (1966), S. 307–325.

Kapitel 3 ist die überarbeitete Version von »A Structural Approach to Witchcraft and Spirit Possession«, Erstabdruck in M. Douglas (Hrsg.), *Witchcraft Confessions and Accusations*, London 1970, S. 293–310.

Kapitel 4 ist die erweiterte Fassung eines Vortrags vor dem Laboratoire Peiresc (Valbonne) und den Universitäten Urbino und Kyoto; Erstabdruck (gekürzt) unter dem Titel »The Cannibal's Cauldron«, *Research: Contributions to Interdisciplinary Anthropology*, 2 (1983), S. 39–50. Die deutsche Übersetzung erschien zuerst in Hans Peter Duerr (Hrsg.), *Die wilde Seele. Zur Ethnopsychoanalyse von Georges Devereux*, Frankfurt 1987, S. 370–382.

Kapitel 5 »What is a Shaman?« ist in *Folk*, 23 (1981), S. 25–36 erschienen. Die überarbeitete und erweiterte Fassung erschien erstmals in deutscher Übersetzung in Hans Peter Duerr (Hrsg.), *Sehnsucht nach dem Ursprung. Zu Mircea Eliade*, Frankfurt 1984, S. 174–191.

Kapitel 6 beruht auf einem Vortrag vor der Academia dei Lincei in Rom 1981, der später in *Temenos*, 19 (1983), S. 55–67 erschien.

Der Autor dankt den Verlagen dieser Veröffentlichungen für die freundliche Genehmigung des Wiederabdrucks der umgearbeiteten Fassungen.